仕事がサクサク終わって早く帰れる

PC・IT活用の専門家　戸田覚

ジバラ
自働

JIBUN-HATARAKI-KATA MANUAL

大全

驚きのスマホ&PC活用法で
〈自分働き方改革〉

KADOKAWA

巷で話題の〈働き方改革〉。

上司から
「**時短だ！　早く帰りなさい！**」
（〆切、明日の朝イチなんですけど…）

「でも、**売り上げや成果物は減らすなよ**」
（どうしても時間が必要なものだってあるのに…）

「**とにかく君自身が働き方のムダを減らし、
効率化すればいいんだよ！**（←具体性なし）」
（そんなこと言ったって……どこをどうしろと…？？？）

なんて言われて、こまっていませんか？

──これは、**そんなあなたのための本。**

もちろん、
「部下に、具体的な効率化を指示したい」
心ある管理職の方にも、役立つ1冊。

本書を読めば、時短の悩みも今スグ解消。

- いつも、言いたいことがうまく伝わらないので、
  どう話すかダラダラ悩み中……

→「伝わる主張は、50字まで！」(53ページ)

- プレゼン資料作りって、いつも時間がかかるし、
  枚数も増える……

→「〈1スライド3分の法則〉を徹底せよ！」(290ページ)

- 名刺の管理って面倒だし、入力が大変……

→「スマホでさくっとテキスト化できる
  無償アプリを使え！」(132ページ)

あなたの悩みに合致するトピックが、
なんと60項目！
そしてこれだけで、必要にして十分！
さあ、本書の〈ジバラ度check〉にトライ！

改革は、まず自分から。
そして、今この瞬間から。

さあ、始めよう。
仕事人生が 5分で 変わる

〈自分働き方改革〉！

ジ　　バ　　ラ

「自分」というハードルを
乗り越えろ！

ジバラ度check 3　外出先での仕事編①

ジバラ度check 4　外出先での仕事編②

ジバラ度check 8　書類作成・整理を極める編②

ジバラ度check 9　企画・アイデア・プレゼン編①

ジバラ度check 10 企画・アイデア・プレゼン編②

「働き方改革関連法案」が 2018 年 6 月 29 日に成立した。内容を見ると、時間外労働の上限規制導入や勤務間インターバル制度の普及促進・年次有給休暇取得の一部義務化などが並んでいる。

仕事の時間を削減しよう——という耳ざわりの良い言葉が並んだ法案だ。ところが、現場の声との開きは大きい！ 残業を含む労働時間が抑制されたとしても、多くの場合、仕事の量や要求される成果などは変わらない。〈働き方改革〉だからといって、売り上げ減を受け入れる企業や業界なんて、ほとんどないはずだ。

だから、働き手には短時間でより効率よく働く方法が求められるし、押しつけられる。あなたの会社もそうではないだろうか？ 仮に、今はまだそんな気配がないとしても、法案が通ったのだから、遠からずそうなるはずだ。

もちろん、仕事の効率を上げるのは、素晴らしいことだ。それで働く時間が減るなら、企業としては残業が減るので言うことなし。働き手側も、それで給与が維持され、年々上昇するなら大歓迎だろう。残業が減って自由な時間が増える上に、所得も増えるのだから。すでに、浮いた残業代を社員に賞与として還元する会社も出てきてはいる（アルプス電気、2018 年 6 月 8 日の報道による）。

とまあ、理念は素晴らしいのだが、現実を見れば、多くの上司はさらなる効率化に関し、抽象論か精神論しか言わない／言えないもの。「残業するな」と言われれば、勤務時間内で仕事を終わらせられるように、自分で効率を上げる〈自己防衛〉をせざるをえないのが現実だ。

どうやって効率化すればよいのかは、会社も上司も教えてくれないのが、多くの会社員にとっての現状と言える。在宅勤務などのテレワークが導入されれば、通勤時間は確かに減る。だが、仕事を効率化する話とはまた違う。

　だからまず大切なのは、会社や上司に頼ることなく、自分自身で働き方を改革することだ。筆者はそのために、本書を企画・執筆した。この〈自分働き方改革〉を略して〈ジバラ〉（自働）と呼ぶことにする。

　本書は、主に自分で働き方を改革せざるを得ないプレイヤーの方、並びに上からは〈働き方改革〉を押しつけられ、下からは「時間だけを短くしろと言われても困る」と突き上げを食らっている中間管理職の方に向けて執筆した。

　とは言え、ジバラを追求するには、大それたことを考える必要はない、と筆者は考える。重要なのはたった１つで、ひんぱんにおこなう作業を効率化するという、ただそれだけのことだ。毎週作る企画書の作業時間を２割短縮、毎日送るメールの作業時間を１割短縮する、アイデアを出す時間を半分に……などなど。こんな小さな作業における時間短縮でも、ひんぱんに繰り返せば、膨大な時短につながる。しかも、手軽なことだから、覚えるのも実践するのも簡単。試しにやってみて、自分に合ったものだけを導入すればＯＫ。本書が目指すのはまさにそこだ！

　膝を打つような画期的な仕事術でも、めったに使わないなら〈ジバラ〉としての意味は薄い。本書では、シンプルで当たり前だと

思えることでも、時短や効率アップにつながるテクニックならどんどん紹介していくことにした。本書の中で、仮に３つでもいいからあなたに役立つものが見つかれば、年間を通してみた時に、十分な効率化が実現されるはずである。

　筆者は、『日経ビジネス』で不定期に書評を担当していることもあって、多くのビジネス書を読み込んでいるのだが、〈働き方改革〉に役立つものは極めて少ない。名著と言われる経営者の自伝や評伝は、読み物としては素晴らしいし、経営の理念を身につけるのには役に立ち、マネジメントの参考にもなる。だが、ビジネススキルについて書かれていることは、ドラッカー等を含めてほとんどが昭和以前すぎて、イマドキの仕事を改革するには、ほとんど役に立たない。

　例えばコミュニケーションに電話や手紙を使う話などは、今ではあまり参考にならないし、会社の入り口で社長を待って直談判——など、今となってはセキュリティに止められるだけだ。

　ビジネス書は数多いが、個人レベルで働き方を変えられる本がとても少ないのが実情だと筆者は痛感している。だからこそ、最初の１冊として本書を手に取って、60 のトピックスの中から役立ちそうなものをピックアップして、１つでも２つでも試していただければ幸いだ。

　もちろん働き方やその内容は多種多様であるから、すべての方にすべてのテクニックが有用なわけではないかもしれない。が、本書では、あなたが苦手なジャンルを見つけ出すために、〈ジバラ度 check 方式〉を採用している。各 check のジバラ度をチェックしながら、自分の弱点を探し出して、少しずつ修正してみれば、

あなた個人に有用なテクニックを見つけやすくなるだろう。

　例えば、no.56 のスライドの作成時間。そもそもプレゼンのスライドは 3 分の話につき 1 枚作るのがベストだ、とあなたはご存じだっただろうか？　つまり、実質 45 分で説明するなら、15 枚だけ用意すればいいのだ。こうして、まず枚数を決めてからスライドを作ることで、ムダな作業が減るし、スライドが足りなかったりスライドを作りすぎて尻切れトンボになったりする〈がっかり商談〉〈がっかりプレゼン〉とも決別できる。

　このように、知ってしまえば単純なことでも、実はあなたの働き方を少しずつ変える力をもっている。仮に 1 回 5 分の効率化でも、年間に 200 回おこなえば 1000 分だから、残業が 17 時間近く減るのと同じ価値になるのだ。

　早速ページを開いて、まず最初の「時短編」から、自分の〈ジバラ度 check〉を試してみてほしい。

2018 年 11 月　戸田覚

📖 この本の使い方

　本書は、自分働き方改革〈ジバラ〉を目指す方のために、スグできて役に立つテクニックを全 60 本掲載している。

　まずは、各ジバラ度 check の冒頭にある「設問コーナー」の各設問に答えて、今自分がどのように作業しているか、スコアを計測してほしい。本書には解答欄を設け、直接書き込めるようになっている。もちろん、数ヶ月実践してみた後もう一度チェックしたくなった時のために、別紙に書き出しても OK だ。

　check の合計スコアを出したら、次ページの「判定」に進もう。独断と偏見で作成した「判定」なので、「どうして？」と思うものもあるかもしれない。しかし、次の「解答と解説」を読んでいただければ、〈ジバラ〉の理念はおおむね理解できるはずだ。「解答と解説」の中に出てくるツールの具体的な使い方も、各 check の終わりに「ツール解説」として掲載されている。「解答と解説」を読んで、「やってみよう！」と思った方は、ぜひ参考にしてほしい。

　本書の頭から check を始めるも良し、気になるテーマから始めるも良し、まず「ツール解説」を拾い読みするも良し、自分に合った方法で、本書を丸ごと有効に活用していただけることを願っている。

（注）

・本書の環境として、パソコンは Windows 10、スマホ（スマートフォン）は iPhone（iOS 11）・Android（Android 8.0）での操作方法を説明していますが、OS のアップデート、機種ごとの差などでメニューの文言・操作手順などが若干変わっている可能性もあります。なお、Mac での使い方は検証しておりません。

・製品やアプリの購入金額などは、2018 年 11 月現在のものであり、変更になる場合があります。

ジバラで仕事をサクサク、定時で帰ろう！

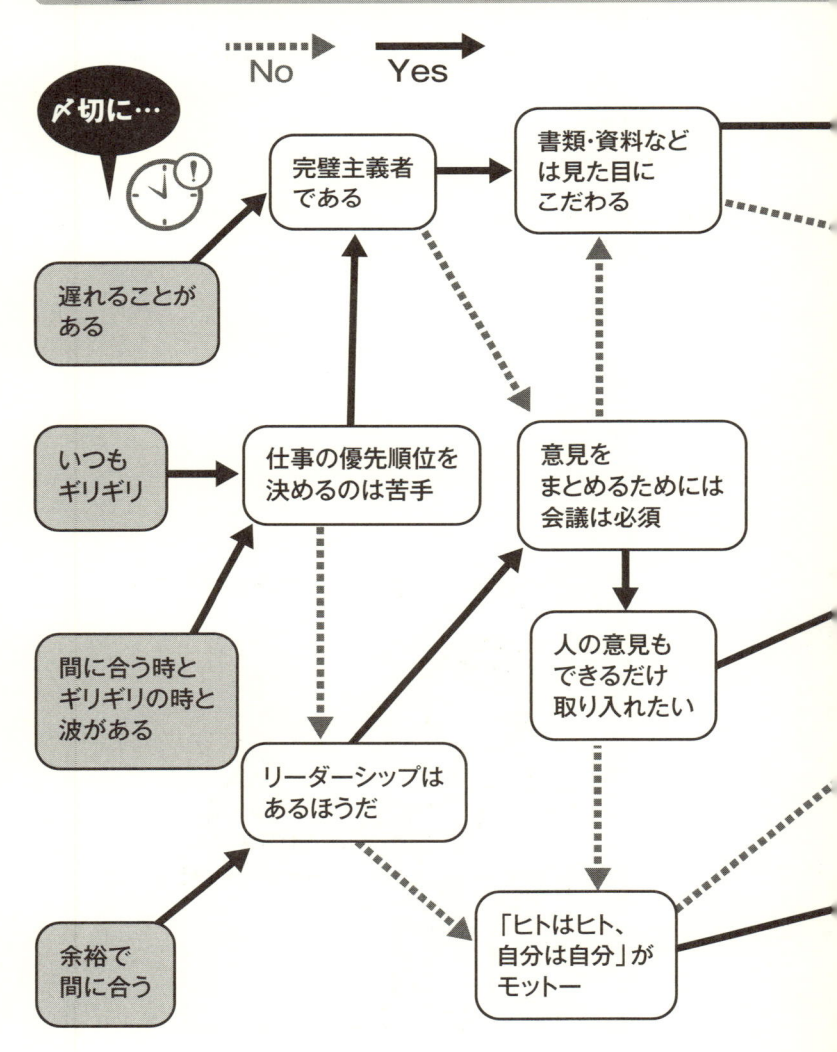

あなたの思考・行動傾向から、今現在の〈ジバラ〉レベルを見てみよう。あなたに足りないものが見えてくるはずなので、ぜひ本書を読む際の足がかりにしてほしい。

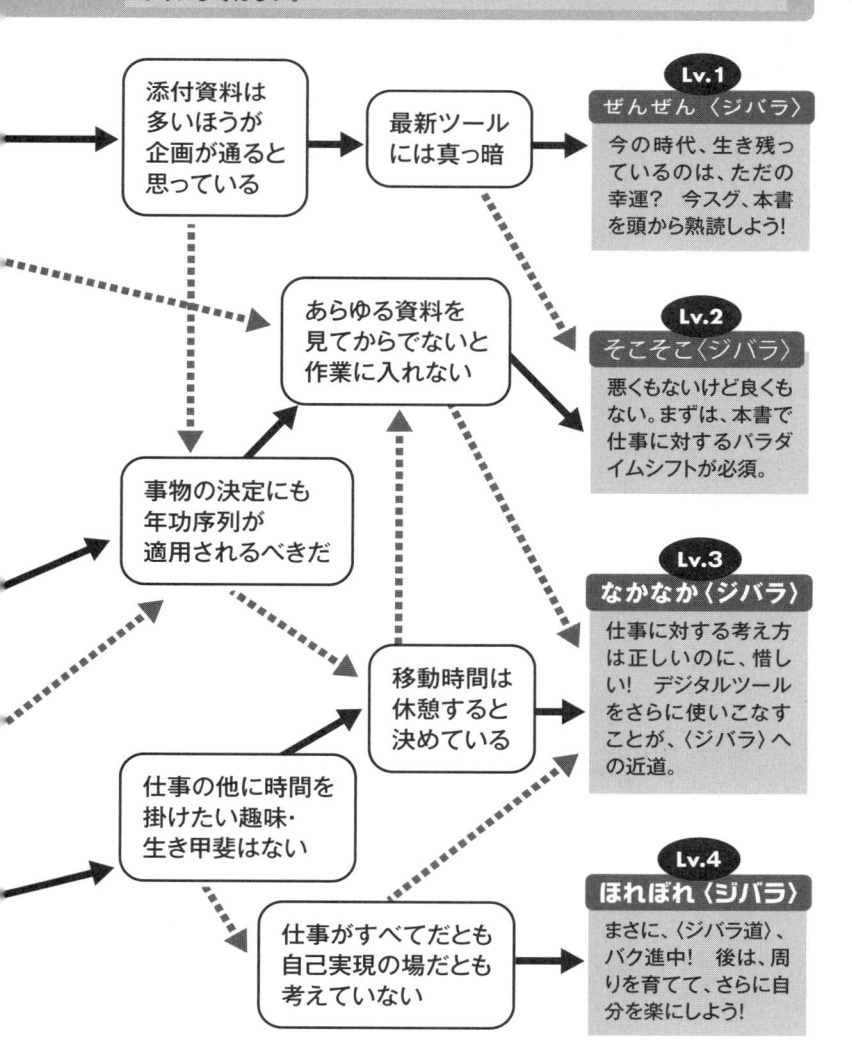

Lv.1
ぜんぜん〈ジバラ〉
今の時代、生き残っているのは、ただの幸運？　今スグ、本書を頭から熟読しよう！

Lv.2
そこそこ〈ジバラ〉
悪くもないけど良くもない。まずは、本書で仕事に対するパラダイムシフトが必須。

Lv.3
なかなか〈ジバラ〉
仕事に対する考え方は正しいのに、惜しい！　デジタルツールをさらに使いこなすことが、〈ジバラ〉への近道。

Lv.4
ほれぼれ〈ジバラ〉
まさに、〈ジバラ道〉、バク進中！　後は、周りを育てて、さらに自分を楽にしよう！

添付資料は多いほうが企画が通ると思っている

最新ツールには真っ暗

あらゆる資料を見てからでないと作業に入れない

事物の決定にも年功序列が適用されるべきだ

移動時間は休憩すると決めている

仕事の他に時間を掛けたい趣味・生き甲斐はない

仕事がすべてだとも自己実現の場だとも考えていない

ジバラ度check 1
時短編

> **? 設問コーナー**

　次の各問いに対して、自分の対応に最も近いものをそれぞれ選択肢
A〜Cの中から選び、右下解答欄上段に記号、下段に点数を記入せよ。

no.1

日々、多くのタスクや予定がある。スマホの通知機能は、活用している?

Ⓐ ガンガン使っている。
Ⓑ そもそも使い方がよくわかってない。
Ⓒ 必要な時だけ、音を出すようにしている。

Ⓐ**0**点　Ⓑ**2**点　Ⓒ**5**点

no.2

仕事が山積していて、全部終わるか不安。どこから、手をつける?

Ⓐ 簡単なものから、スグ手をつける。
Ⓑ 大変なものから、着手する。
Ⓒ スグ取りかからず、優先順位を落ち着いて考える。

Ⓐ**4**点　Ⓑ**1**点　Ⓒ**0**点

no.3

今日から3日間でやるべきタスクやアポイントを、全部言える?

Ⓐ だいたい言えると思う。
Ⓑ リストを見ないと言えない。
Ⓒ 全部頭に入っているので、スグ言える。

Ⓐ**0**点　Ⓑ**5**点　Ⓒ**2**点

no.4

**忙しい時にかぎって、かかってくる急用の電話。
どう対応する?**

Ⓐ どんな状況でも電話に出て、大至急対応する。
Ⓑ 普段から、なるべく電話には出ないようにする。
Ⓒ とりあえずその電話には出て、後で対応すると伝える。

Ⓐ 1点　Ⓑ 4点　Ⓒ 0点

no.5

**重要なクライアント先に、他社の担当数名と訪問。
「13時受付集合」だが、時間厳守してもらうなら、どう言う?**

Ⓐ 「13時ちょっと前に受付に集合」と伝える。
Ⓑ 「12時55分に受付前に集合」と伝える。
Ⓒ 「13時に集合。時間厳守です」と伝える。

Ⓐ 0点　Ⓑ 5点　Ⓒ 2点

no.6

**外出先から顧客を訪問することになった。
15時アポだが、自分の予定をどう組む?**

Ⓐ なるべく15時ちょうどに到着できるように、乗り換えアプリを駆使する。
Ⓑ 15分前に到着して、遅刻しないようにする。
Ⓒ 40〜60分前に到着して、近所のカフェで作業する。

Ⓐ 0点　Ⓑ 3点　Ⓒ 5点

no.1〜6までの点数の合計点を計算して、「合計」欄に記入する。

解答欄	1	2	3	4	5	6	合計
	点	点	点	点	点	点	点

さあ、あなたの〈ジバラ度〉の判定は? ➡

判定！ あなたのジバラ度は……

25点以上：ジバラ度100％

あなたはこの分野ではすでに、〈ジバラマイスター〉。自分のスキルを周囲にも教えるべし。個人レベルの〈働き方改革〉のスキルは、ノープロブレム。ちょっと心配なのは、やりすぎの〈時間管理オタク〉になっていないかということだ。

20 ～ 24点：ジバラ度70％

このあたりが、やりすぎのないバランス良い合格ラインだ。とは言え、no.4のスコアが低いなら、「解答と解説」を参照して、自分なりにさらに優れた方法を見つけてほしい。

15 ～ 19点：ジバラ度50％

忙しい時と、忙しくない時のバランスがうまく取れているか？　あなたの忙殺は〈本当に〉忙しいのか？　今一度、見つめ直そう。忙しい思いをするばかりではなく、時間をうまく使って余裕をもって仕事ができる人になってほしい。

10 ～ 14点：ジバラ度30％

あなたは時間を使う意識が低すぎる。時計を目の前に置き、目をつぶり頭の中で1分経ったと思ったら目を開けて、時計をチェックしてみよう。その誤差には驚くはず。時間はうまく使うほど価値が高くなる。1分を笑うものは1分に泣くのだ。

0 ～ 9点：ジバラ度0％

正直に申告してくれたことには、感謝。いい人だ。だが、ひょっとして、仕事が全然なくてヒマしているだけ？　まずはこまめに時計を見てみては？　とりあえず100均で卓上時計を買ってきて、デスクに置こう。

なぜ、こういう判定になるのか、次ページからの「解答と解説」へGO！

！解答と解説

‖ 日々のタスクはスマホに教えてもらおう！

no.1　　　　　　　　　　　　　Ⓐ0点 Ⓑ2点 Ⓒ5点

日々、多くのタスクや予定がある。
スマホの通知機能は、活用している？

Ⓐ ガンガン使っている。

Ⓑ そもそも使い方がよくわかってない。

Ⓒ 必要な時だけ、音を出すようにしている。

　スマホの通知機能は、メールの着信やSNSへの書き込みを知らせてくれるだけでなく、スケジュールを10分前に教えてくれる。また、今日やるべきことも表示できる。わざわざアプリを見に行く必要がなく、ホーム画面やロック画面でチェックできるのがとても便利だ。さらに、これから今日はもうすぐ雨が降りそうだとか、オークション高値更新とかまで通知してくれるアプリもある。ここまで来ると、ちょっとおせっかいとも感じるのだが、通知の許可を設定したのは自分自身だ……。さて、ジバラ的にはこんな通知機能とどうつきあっていけばいいのか？

　Aの「ガンガン使っている。」は、**実は効率的な時短には反している。**重要な仕事や打ち合わせの最中にも通知がどんどん届くことになるからだ。例えば、資料を作成している最中にトラブルのメールが通知されたら、気持ちが焦ってしまい、作業が手につかなくなる。あと15分で作り終えるなら、先に資料を完成させ

てからトラブルに対処しても十分なのに、トラブルばかりが気になってしまうだろう。便利なはずの通知なのだが、使いこなすほどに、おせっかいすぎて仕事の邪魔に感じられる。融通の利かない秘書のようだ。「何とかとハサミは使いよう」というのと同じで、使いすぎにはご用心。

　Bの「そもそも使い方がよくわかってない。」を選んだ方は、通知機能をよくわかっていない方。こちらも、大変にもったいない。通知を使えば、メールやSNSの新着を見に行くことなくチェックできて必要な時に返事ができる。

　ということで、うまく使い分けるC「必要な時だけ、音を出すようにしている。」が一番オススメだ。

　通知は、基本的には便利に使うとして、作業中などは見ないのがコツだ。つまり、音を出さずに、自分の都合で通知をまとめて見られるようにしておくのがベストだ。打ち合わせ中に通知の音が鳴るのは言うまでもなく邪魔だし、相手に失礼だ。どうしても音を出したいなら、必要な時以外は聞こえないようにカバンにでも入れておこう。

　さて、時間をあけて通知を見るとたくさんたまっているはずだ。まず、まったく不要な通知は、面倒くさがらずに設定でオフにするべきだ。

　iPhoneでは、不要な通知を左にスライドすれば「消去」できる。残った必要なものを処理することでTODOリスト的に使えるわけだ。

　Androidには、いいアプリがある。「ノーティセーブ」というアプリを使うと、たくさん増えてしまった通知を分類できる。

LINE などのチャット、各種 SNS、メールなどユーザーがカテゴリを決めて分類の仕方を指定できるのだ。しかも、このアプリ内で内容を閲覧できるので手っ取り早い。

また、Windows 10 にも通知を無視できる「集中モード」という機能が搭載されている。どちらもくわしくは 38 〜 41 ページで使い方を説明するので、乞うご期待。

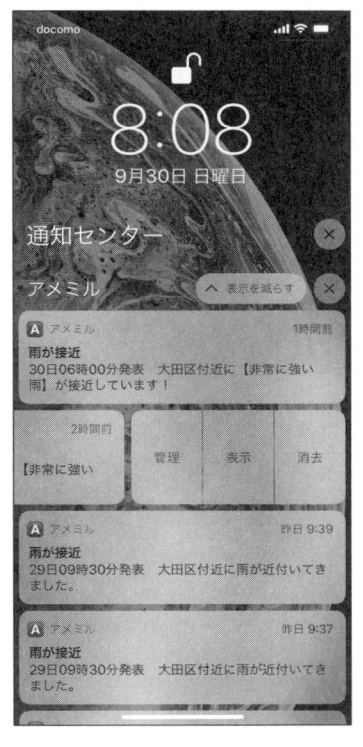

iPhone で通知がたくさんたまってしまった状態。左にスライドして不要なものを削除しよう。

「ノーティセーブ」では、大量の通知を快適に管理できる。

no.2　　　　　　　　　　　Ⓐ4点 Ⓑ1点 Ⓒ0点

仕事が山積していて、全部終わるか不安。
どこから、手をつける？

Ⓐ 簡単なものから、スグ手をつける。
Ⓑ 大変なものから、着手する。
Ⓒ スグ取りかからず、優先順位を落ち着いて考える。

　忙しい時にかぎって、本来の業務に付随する雑用も増えるものだ。例えば、営業が立て込んでくると、新規顧客が増えるからアドレスの管理もしなければならないし、移動が多くなるために交通費の精算も多くなる。さらに、経理に顧客の与信を審査してもらうなど、やるべきことはどんどん増えていく。重要な商談に利用するプレゼンのスライドを作らなければならないのに —— など、よくありがちだ。

　多忙を極めていると、長時間かかる（作業数が多い）大変な仕事と短時間で終わる（作業数が少ない）簡単な仕事がゴチャ混ぜになって、たくさん降りかかってくる。 Ｃの「スグ取りかからず、優先順位を落ち着いて考える。」のように時間的余裕があるなら、そもそも困りはしないのだからこれは論外だ。ではＡの〈簡単な小さな仕事〉とＢの〈大変な大きな仕事〉、どちらを先に片づけるのが、ジバラ的には正解か。

　正解はＡの「簡単なものから、スグ手をつける。」だ。 その理

由をちょっとくわしく説明しよう。

次ページの【図1】をご覧いただきたい。時間のかかる〈大変な大きな仕事〉を終わらせるべく、最初に取りかかったとする。それだけでも、完遂するまでにやるべきタスク（作業）がたくさんあるのに、他の多くの〈簡単な小さな仕事〉（を構成しているタスク1つ1つ）は後回しになるので、頭の中にはそれらがいつまでも「やるべきこと」として残ってしまう。

それに、その〈大変な大きな仕事〉が遅れると、〈簡単な小さな仕事〉にもしわ寄せが及んで、複数の遅れ具合をチェックして、関係者に遅れる旨の連絡を入れたり、提出の時間を修正して伝えたりしなければならない。

また、遅れはじめると、それぞれの仕事に関する問い合わせが入るなどして、その対応にも時間を取られる。よって、B「大変なものから、着手する。」は失格だ。

最初にスグに終わる〈簡単な小さな仕事〉を完了しておいてしまえば、残りは〈大物〉1つだけになるので、それに全力を傾けられる。万一、遅れそうになっても、連絡する先は1つで済む。

基本的には、重要な仕事であろうと、プライオリティーの低い仕事であろうと、遅れてはいけない。どんな小さな仕事でも、遅れる前にはきちんと連絡を取って、遅れる旨を伝えなければ信頼にかかわるのだ。例えば、**利益の大小にかかわらず、〈遅れ〉によって支障が出れば、あなたの信頼度は同じ程度、下がっていく。**仕事の大小に関わらず、適当に済ませることはできない。

もちろん、仕事がオーバーフローして間に合わなくなれば、〆切を調整したり、人に頼んだりしなければならなくなる。この際

も、〈簡単な小さな仕事〉は人に任せたり、いちいち連絡したりするのが大変なので、「だったら、自分でやってしまったほうが早い」と考えがちになる。結果、〈大変な大きな仕事〉もどんどん遅れてしまう。**最悪だ。**

〈大変な大きな仕事〉は、多くのケースで時間的な余裕もあるものだ。だったらまず〈簡単な小さな仕事〉を片っ端から終わらせるほうが、実は効率が良いと知ってほしい。

〈タスクを残さない〉という点も重要だ。先程ちょっと触れたが、やるべきことが残っていると、イライラするし、それを思い出すたびに思考が止まる。**〈大変な大きな仕事〉を終わらせて一息ついた時点で、「あれ、他にやることって、何だっけ？」と考えるのは、ムダの極地だ。**頭の中には、できるだけタスクを残さないようにするのが、時短のコツだ。

【図1】

脳には脳にしかできないことに
専念してもらおう

no.3　　　　　　　　　　Ⓐ0点　Ⓑ5点　Ⓒ2点

今日から3日間でやるべきタスクやアポイントを、
全部言える？

Ⓐ だいたい言えると思う。

Ⓑ リストを見ないと言えない。

Ⓒ 全部頭に入っているので、スグ言える。

　多くのビジネスパーソンが、細かな仕事の積み重ねを繰り返している。毎日、やらなければならないことは膨大で、とても苦労をしているだろう。ただ、その中に、〈いつも同じことの繰り返し〉というタスクはないだろうか。逆に言うなら、そんな仕事（同じタスクだけを繰り返すだけの仕事）は、そのうちどんどんロボットやAIにとって変わられるだろう。

　例えば、経費の集計をするのにはクリエイティブな考え方は不要だ。ただ数値を集めて計算していけばよいからだ。こうしたタスクは、ただずっと計算をすればよいのだからロボット向きだと言える。今後、そういう仕事をメインにしている人にとっては大問題だが、楽になると歓迎する人もいるだろう。

　さてそんな時代になりつつあるとしても、企画書やスライドを作るような仕事は、まだ当分AIにはできまい。そもそも、これらのタスクでは、企画の内容を組み立てて、何を伝えるべきかを人間が考えなければならないし、そのためにデータを集めてグラ

フ化したり、文章を考えたりしなければならない。また、受け手のニーズの分析も必要だろう。つまり、同じタスクを繰り返すだけでは完成しないのだ。それゆえ、複合的な予定の把握が必須となる。

　そう考えていくと、Ａの「だいたい言えると思う。」は、実は最悪の対応だ。やらなければいけないことをすべて完璧に把握できているのならまだしも、「だいたい」というのがいただけない。タスクの管理がうまくできていると思っている人にかぎって、こんな大まかな答えをしがちだ。

　ちょっと頼りなさそうなＢ「リストを見ないと言えない。」が、この場合の正解だ。やるべきことがリスト化されていれば、抜けることはなくなる。セミナーでこんな話をすると、リストを作るのが面倒だと言う人も多いのだが、そう思った方は自分のタスクがよくわかっていない。かつ、前の設問も併せて、リスト化の有用性を考えてほしい。

　そもそも、リストを作るのが面倒なタスクは、すぐに終わらせてしまえばいい。ところが、顧客に電話をコールバックして留守だった場合には、また後でかけなければならない。僕ならこの時点で、タスクのリストに入れる。そうしないと忘れてしまうからだ。現実的にはリスト化しなくても、数時間後に電話ができるように付箋を貼るだろう。**やるべきことが残っている場合には、必ずすべて記録するべきなのだ。**

　Ｃのやるべきことやアポイントが「全部頭に入っているので、スグ言える。」を選んだ方は、本当なら天才だと思う。よほど作

業量が少ない人でなければ、すべて覚えているのは難しいのが現実だろうが。

　というよりも、**むしろ全部頭に入れる意味がないと思う。タスクの管理はとても重要なことだが、覚えるのは時間のムダだ。**

　また、記憶量をメモリーだと考えるならば、こちらもムダに消費していることになる。スケジュールはカレンダーアプリに記録し、タスクはメモやリストなどに書いていけば脳のメモリーの一部が解放される。しかも、書いてあれば確実に記録できる。「あれ？　企画書の〆切は水曜日だっけ？」という勘違いや〈うっかり忘れ〉もなくなるわけだ。政治家の言葉ではないが、**大切なのは〈記憶より記録〉だ。**

　具体的な書き方のコツなどは後述するが、机の上でタスクが完結する人は紙のメモでもかまわない。僕は、必要に応じてTODOリストも使っているが、すべての方にマッチするわけではない。移動が多い方は、いつでもどこでも見られるようにスマホを使うことをオススメする。

「Google ToDo リスト」はシンプルなアプリで使い勝手が良好。95％の人はこのアプリで満足できるはずだ。くわしくは177ページで。

古いコミュツールである電話とも うまく付き合う方法

忙しい時にかぎって、かかってくる急用の電話。

どう対応する?

Ⓐ どんな状況でも電話に出て、大至急対応する。

Ⓑ 普段から、なるべく電話には出ないようにする。

Ⓒ とりあえずその電話には出て、後で対応すると伝える。

　あわただしい時にかぎって、電話が鳴る。アワを食いながら電話に出ると、結構重要な要件なのだが、すぐに対応できる状況ではないので「後でかけ直します」と伝えて、すっかり忘れてしまう——こんなことは実はよくあるはずだ。

　また、会議を終えたら内線・外線の留守電が多数入っていたり、移動中の留守電も少なくなかったりするはずだ。とはいっても、留守電を聞くのも結構大変だ。とにかく、電話の不効率さには参ってしまう。さて、どう対処するのが正解だろうか?

　私見だが、電話はもう古すぎるコミュニケーションの手段だ。電話をかけるということは、相手の時間を強制的に奪うこと。相手が何をしているか見えないので、相手は忙しくても電話に出てくれている可能性があるのだ。

　さらに、留守電に吹き込まれたメッセージは、ちょっとした強制力をもっている。相手は、「留守電に入れたのに聞いていないのか?」と思いがちだから。

　こんな面倒くさい電話と、どうつきあっていくべきだろうか。

Aの「どんな状況でも電話に出て、大至急対応する。」は、**一昔前の正解だ。**急ぎの要件なら大至急対応したほうが好感をもってもらえる。それは嬉しいのだが、これだけ働き方が効率化されてくると、空いた時間などほとんどないのが多くのビジネスパーソンにとっての実情だ。そこに割り込ませて何か作業すると、スケジュール全体に支障が出てくるはず。

　正解はBの「普段から、なるべく電話には出ないようにする。」だ。正確に言うなら、極力使わないようにするということになる。僕は名刺交換をする際に、「なるべくメールでご連絡下さい」とお願いしている。また、電話が鳴っても、確実に手があいている時以外は出ない。その上で重要なのは、メールを見たら、できるだけ早く返すことだ。メールの返信が早いと「連絡がつきにくい失礼な人」とは思われにくく、相手に「この人は電話するよりメールのほうが早い」と感じてもらえる。

　とは言え、僕の場合も打ち合わせや移動でメールがすぐに返せないタイミングは多い。にもかかわらず、全体の3〜4割を即返信しているだけで、「メールの返事が早い」と思ってもらえるのだ。メールの使い方は check 5 でくわしく説明するので、お楽しみに。

　Cの「とりあえずその電話には出て、後で対応すると伝える。」は、効率的なように見えて、実は最悪だ。**先程述べたように、できるだけタスクを後に残していかないのが、時短のコツなのだ。**「後で返事する」と伝えて返事が遅いと最悪だし、忘れたら信頼を失う。

　自分は他者との仕事やタスクで忙しくても、相手は必死に電話を待っている可能性がある。しかも、「後で電話します」と言わ

れた以上、相手は催促の電話ができないのだ。

僕なら、「大変申し訳ありません。ただ今、作業中でメモが取れないので、お手数ですが、ご用件をメールでいただけますでしょうか」とお願いする。これで、電話を折り返す必要もなくなるし、〈うっかり忘れ〉の可能性も減るはずだ。

とは言え、どうしても電話が必要なケースもある。おわびは、メールより電話のほうが向いているし、できれば出向くべきだろう。これはもはや、時短や効率化とは関係のない例外だ。

僕があえて電話を使うのは、ニュアンスを含む相談をする時や、意見を聞きたい時だ。こんなケースでは、あらかじめ「後ほどお電話します」「昼前にお電話します」とメールを入れておいてから、電話をかけるようにしている。

また、メールの返事が来ない際には、「メールをお送りしましたが、届いていますでしょうか」と、電話で確認する。何割かはメールを見落としているものだし、本当に届いていないケースもある。しかし、多くの場合、返事を忘れているだけだ。催促はメールでもかまわないのだが、やはり直接話をしたほうが柔らかな印象が伝わると思っている。

忙しい時は
面倒だけど…

やっぱり電話も大切な
コミュニケーションツール

「遅刻厳禁!」をうまく伝えるには

Ⓐ0点 **Ⓑ**5点 **Ⓒ**2点

重要なクライアント先に、他社の担当数名と訪問。
「13時受付集合」だが、時間厳守してもらうなら、どう言う?

Ⓐ 「13時ちょっと前に受付に集合」と伝える。

Ⓑ 「12時55分に受付前に集合」と伝える。

Ⓒ 「13時に集合。時間厳守です」と伝える。

　複数名で待ち合わせをすると、誰かが遅れてくることはありがちだ。あなたがスケジュールを管理する立場だと責任を感じてしまうだろう。

　最近は、商談や打ち合わせの時間管理がシビアになっている。特に、会議室を予約している場合は始末に負えない。例えば、部屋が13〜14時などと予約してある場合、問答無用で14時には退出しなければならないのだ。打ち合わせの多くは、後半に重要な話をすることが多い。肝心な話になったところで退出、では困ってしまう。しかもその後は、良くても共有の打ち合わせスペースでやりとりすることになるので、金額の話などはしづらくなる。最悪の場合は打ち切られて、「続きは電話で」となることさえある。
　これを防ぐためには、まず遅刻をしないのが大前提だ。

　では誰かと一緒に先方におもむくために待ち合わせをする場合には、どのように伝えればよいだろうか。

Aの「『13時ちょっと前に受付に集合』と伝える。」は、最もよくありがちな伝え方だ。まあ、失格と言い切るのも気が引けるが、だいたいこんな伝え方をしていても遅れる輩が出てくるから困るのではないか？　まったく工夫していないのがいただけない。**ジバラの基本は、〈失敗を繰り返さないために工夫する〉こ**となのだ。失敗しないと、工夫するべきポイントは見えてこない。どんな小さな失敗でも「まあいいや」とは考えずに、対処方法を調べてみる――これが一番のジバラなのだ。少しばかり話がそれて恐縮だが……。とにかく、工夫が見られないAは0点だ。

Bの「『12時55分に受付前に集合』と伝える。」は、僕が昔から提唱している約束の仕方だ。そもそもAの「ちょっと前」では、おおざっぱな「だいたい感」がかもし出されている。聞いた側は「ちょっと前に行けばいいんだろう」程度にしか感じない。特に待ち合わせの5分前、10分前と言われても「時間ぴったりに着けばいいだろう」と思っている人も少なからずいる。

そこで、「○分前」をやめて、「12時55分に待ち合わせ」とするだけで、きっちりした印象が伝わり、相手は遅刻しづらくなる。これは、人と街中などで待ち合わせをする場合も同様だ。「13時にハチ公前」と伝えるより、「12時55分にハチ公前」としたほうが、**時間にうるさいヤツ――という印象が暗に伝わる。ここがとても重要なのだ。**相手がきっちりしているから遅れてはいけないと思ってもらうのが、最初の一歩だ。

Cの「『13時に集合。時間厳守です』と伝える。」は、立場によっては正解とも言える。あなたの立場が上なら、「時間厳守」と伝えて強制感をもたせてもいいだろう。ただ、立場が下だと言いづ

らい。

　また、立場が上でもそこまで強制はしたくないと、僕は個人的には思っている。もう少し、配慮したコミュニケーションを取れるように工夫したいのだ。**単に効率化を進めていくだけで、周囲の人の心象を害するようなやり方は、僕のジバラが目指すところではない。**

　待ち合わせ以外にも、この〈時間きっちり作戦〉は有効だ。例えば、何らかのタスクを人に依頼する場合、3日後の木曜日を〆切にしたいとしよう。

　単に「木曜日に下さい」と伝えても、非常に弱い。相手がだらしない場合には木曜中でいいと思い、ヘタをすると「金曜の朝までは木曜中だ」という**意味不明な考えをもちかねない。こう思う人、実は意外と多いから困ってしまう。**

　そこで、次善の策としては時間を明確に指定する。「木曜の16時までに下さい」と伝えるだけで、適当さが許されない気がしてくる。さらに遅れを防止したいなら、「木曜中に私がチェックして部長に提出するので、16時がデッドラインです」と伝える。つまり、**時間に遅れるとどんな悪影響が出るか、的確かつやんわりと伝えるのだ。**ここまで来ると、ジバラと言える。ちょっと面倒だが、相手が遅れて結局自分が大変な思いをするよりははるかに楽なはずだ。

〈ムダな時間〉と〈時間の余裕〉とを見極めよ

Ⓐ0点 Ⓑ3点 Ⓒ5点

**外出先から顧客を訪問することになった。
15時アポだが、自分の予定をどう組む？**

- Ⓐ なるべく15時ちょうどに到着できるように、乗り換えアプリを駆使する。
- Ⓑ 15分前に到着して、遅刻しないようにする。
- Ⓒ 40～60分前に到着して、近所のカフェで作業する。

スマートワークの志（こころざし）の1つに、外出先でも会社にいる時と同じように仕事ができることが掲げられている。在宅勤務も同じことで、つまり会社の机には縛られなくてよくなってきているのだ。とは言え、会社が許可をしなければ在宅勤務はできないが、**出先で効率的に作業するのは誰にでも簡単に実現でき、とてもジバラ的だ。**

乗り換えアプリを使えば、オンタイムで到着することもほぼ可能だ。ところが現実的には、ちょっと遅刻することが多くてバツが悪い。最近は「非常停止ボタンが押された」等で電車がやたらと遅延するので、絶対に余裕が必要になる。**これだけ遅れが頻発しているご時世に「電車が遅延して……」という言い訳をしている人は、ダメなヤツとしか思われない。**そういう意味で、Aの「なるべく15時ちょうどに到着できるように乗り換えアプリを駆使する。」は0点だ。

　時間前に到着するＢ「15分前に到着して、遅刻しないようにする。」は一見理想的だが、**この余裕の時間がクセモノだ。**10〜15分だと受付前で立って待っているしかない。電話をする用件でもあるならその時間を使えるが、話が立て込んでくると途中で切ることになるので、大事な電話をするには無理がある。つまり、実質的には、〈ただ待っている〉というムダな15分が生まれてしまうのだ。

　ジバラ的な観点で最も優れているのが、Ｃ「40〜60分前に到着して、近所のカフェで作業する。」だ。1時間近く前に到着すること。その上で、待ち合わせ場所の近くのカフェや駅のベンチなどで、ノートPCなどを開いて作業すればいい。さすがに書類を作るのは無理だとしても、各種のコミュニケーションやアイデアを生み出す時間には充てられるはずだ。徒歩圏内で作業していれば、ピタリ5分前にも確実に到着できる。**〈余裕をもちすぎること〉こそ、実は効率化につながるわけだ。**

心の余裕が、ジバラ道の極み！

➡️ no.1 「ノーティセーブ」の使い方

対応しているのは Android のみで、残念ながら iPhone では使えない。「Play ストア」から「ノーティセーブ」で検索すると、すぐに見つかるはずだ。アプリをインストールすると通知が勝手に登録されるので、使うのは難しくない。

画面左上の「New」などのカテゴリに通知が分類されるので、タップして切り替え表示できる。

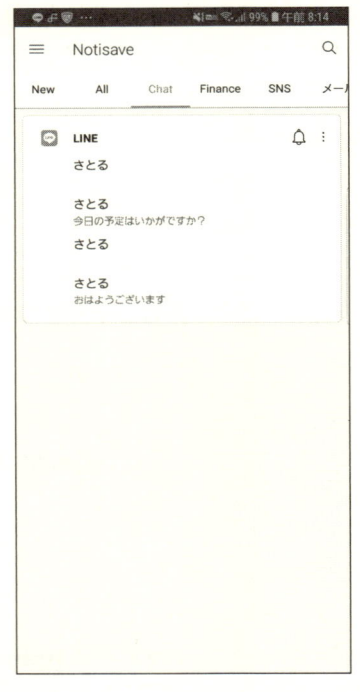

このように LINE だけなど、特定の通知をチェック可能だ。

自分でグループを作成して、特定の通知をまとめられる。

「メッセンジャー」を選択して、グループを作成している画面。

→no.1 Windowsの「集中モード」活用術

Windows の 2018 年 5 月の「Windows 10 April 2018 Update」で追加された新機能だ。画面右下の「アクションセンター」に「集中モード」のボタンが追加されている。このボタンをクリックする度に、「(集中モード) オフ」→「重要な通知のみ」→「アラームのみ」と切り替えていける。「オフ」はすべての通知を知らせてくれる。キモは「重要な通知のみ」の設定だ。

Windows の設定から、「システム」→「集中モード」で設定を開くことができ、特定の時間帯のみ通知をするようにしたり、指定したア

プリからのみの通知を受けたりもできる。

　普段は「重要な通知のみ」にしておき、必要な通知だけを受ければいい。忙しく作業しているなら、「アラームのみ」にする。これで、通知には邪魔されなくなる。

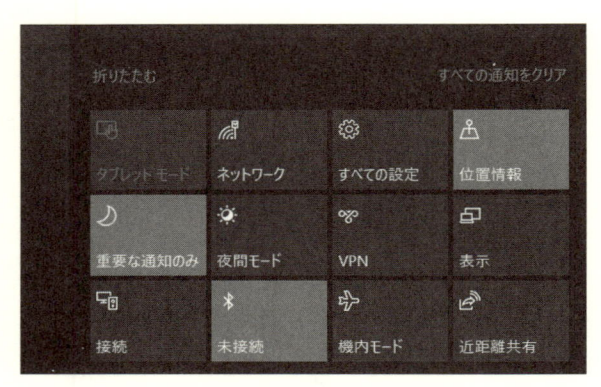

「アクションセンター」で「集中モード」が利用できる。画面は「集中モード」の「重要な通知のみ」が表示されている状態。この上で右クリックすると「設定」が開ける。また、「設定」は、Windows の「設定」からでも OK だ。

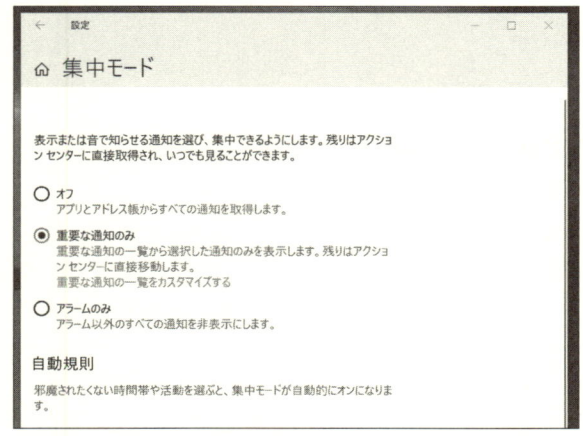

各モードの違いは、「設定」に書かれているので一読しておこう。

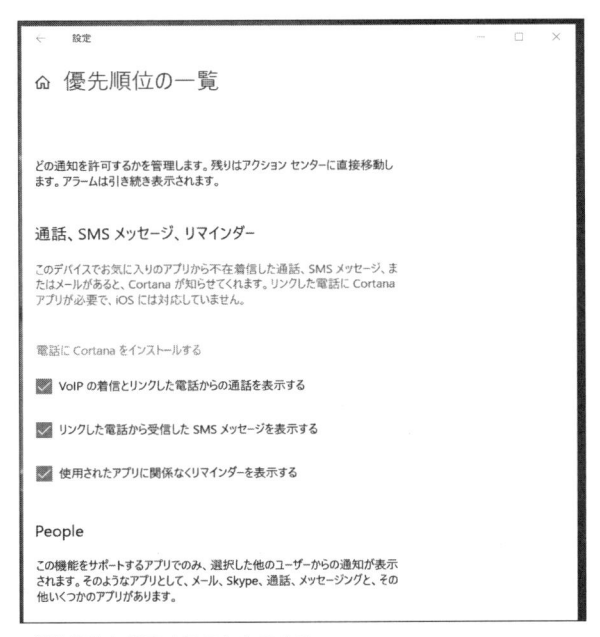

○ アラームのみ
アラーム以外のすべての通知を非表示にします。

自動規則

邪魔されたくない時間帯や活動を選ぶと、集中モードが自動的にオンになります。

🕐 次の時間帯
11:00 午後 - 7:00 午前; 重要な通知のみ　　　　●🔘 オン

🖵 ディスプレイを複製しているとき
アラームのみ　　　　●🔘 オン

🎮 ゲームをプレイしているとき
重要な通知のみ　　　　●🔘 オン

☑ 集中モードがオンの間に見逃した通知の要約を表示する

質問がありますか?

ヘルプを表示

時間帯やディスプレイの複製（つまりプレゼン中）などの設定も可能。

← 設定　　　　　　　　　　　　　　　　　　　　－　□　×

⌂ 優先順位の一覧

どの通知を許可するかを管理します。残りはアクション センターに直接移動します。アラームは引き続き表示されます。

通話、SMS メッセージ、リマインダー

このデバイスでお気に入りのアプリから不在着信した通話、SMS メッセージ、またはメールが必要になると、Cortana が知らせてくれます。リンクした電話に Cortana アプリが必要で、iOS には対応していません。

電話に Cortana をインストールする

☑ VoIP の着信とリンクした電話からの通話を表示する

☑ リンクした電話から受信した SMS メッセージを表示する

☑ 使用されたアプリに関係なくリマインダーを表示する

People

この機能をサポートするアプリでのみ、選択した他のユーザーからの通知が表示されます。そのようなアプリとして、メール、Skype、通話、メッセージングと、その他いくつかのアプリがあります。

優先順位を設定することもできる。

ジバラ度check 2
会議・打ち合わせの効率化編

? 設問コーナー

次の各問いに対して、自分の対応に最も近いものをそれぞれ選択肢
A～Cの中から選び、右下解答欄上段に記号、下段に点数を記入せよ。

no.7

**会議や商談で進行役になった。アジェンダは作るべき？
もし提示するなら、工夫のしどころは？**

Ⓐ アジェンダを作らずにきっちり進行するのが腕の見せ所。
Ⓑ 協議事項を細かく記載したアジェンダを作成し、提示している。
Ⓒ 時間割を付記したアジェンダを作成し、提示している。

Ⓐ0点 Ⓑ3点 Ⓒ5点

no.8

**どうしても会議が長くなりがち。
きっちり終わらせるためには、どんな工夫を取り入れるべき？**

Ⓐ 常に「あと○分です」などと途中で時間を知らせている。
Ⓑ 会議のスタート時に「発言をなるべく短く」と伝えている。
Ⓒ 残り時間をアラームや時計で知らせるようにしている。

Ⓐ2点 Ⓑ1点 Ⓒ5点

no.9

**来週開かれる大事な会議のため、
徹底して準備しておくなら、どれ？**

Ⓐ 自分の発言・質問事項を明確にまとめておく。
Ⓑ 全体の流れや必須案件を考えて、目的と目標を確認する。
Ⓒ 眠くならないように、カフェイン入りのドリンクを用意する。

Ⓐ1点 Ⓑ5点 Ⓒ2点

no.**10**

**言いたいことは山のようにあるのに、いつもよく伝わらない。
どうしたら改善できる?**

Ⓐ 紙に書いて、言いたいことを整理してみる。
Ⓑ 言いたいことを、50字以内にまとめる。
Ⓒ どうせ伝わらないなら言わないほうがまし、とあきらめる。

Ⓐ3点 Ⓑ5点 Ⓒ3点

no.**11**

会議の後、議事録作成は必須だと考えている?

Ⓐ もちろん! 議事録は大変重要なので詳細に作っている。
Ⓑ 記録はビデオなどで残す。議事録はメモ程度を作成すればよい。
Ⓒ 事前の書類とアジェンダがしっかりしているなら、議事録は不要だ。

Ⓐ2点 Ⓑ5点 Ⓒ0点

no.**12**

打ち合わせや会議を録音するのを、忘れることはない?

Ⓐ 基本的にマメな性格なので、忘れることはない。
Ⓑ タイマーで、自動録音するから大丈夫。
Ⓒ たまに忘れるが、それはそれでしかたないと思う。

Ⓐ3点 Ⓑ5点 Ⓒ0点

no.7 ～ 12までの点数の合計点を計算して、「合計」欄に記入する。

解答欄	7	8	9	10	11	12	合計
	点	点	点	点	点	点	点

さあ、あなたの〈ジバラ度〉の判定は? ➡

43

判定！

あなたのジバラ度は……

25点以上：ジバラ度100%

会議や商談に燃えるタイプでは？　とても素晴らしいが、フル回転しすぎて周りがついてこられないこともありがちなので、そこに注意を！　ちなみに著者も、若い頃そんな経験を繰り返していたので、自戒を込めて。

20 ～ 24点：ジバラ度70%

十分合格ラインだが、3点以下の設問があったら、即改善にトライ！　特に、記録系のノウハウには、特別な技術は不要。スマホさえあればすぐにできるので、試してみる価値アリだ。

15 ～ 19点：ジバラ度50%

会議や商談に何となく臨んで、何となく時間を過ごしているかも。まずは、下準備をしっかりしてみよう。それだけでも、会議や商談がちょっと楽しくなってくるはず。失敗しても、改善を繰り返せばOKだ。〈継続は力なり〉を信じて！

10 ～ 14点：ジバラ度30%

いまだに紙にメモを書いたり、必死に議事録を作ったりしているあなた、自分が〈時代遅れ〉だと自覚しよう。会社自体がガラパゴスなら、まず自分が〈ジバラの改革者〉を目指せ！

5 ～ 9点：ジバラ度0%

もしかして小学校時代のＨＲ（ホームルーム）から、「会議」と聞けば、ぼ〜っと窓の外を見ていたタイプでは？　仕事の上での会議はオリンピックにあらず。参加する〈だけ〉では、意義なんてないのだ。マジメな話、周囲はあなたを会議では戦力外だと思っているかも……？

なぜ、こういう判定になるのか、
次ページからの「解答と解説」へGO!

! 解答と解説

‖ デキる進行役のアジェンダはここが違う!

no.**7**   **A** 0点 **B** 3点 **C** 5点

> 会議や商談で進行役になった。アジェンダは作るべき?
> もし提示するなら、工夫のしどころは?

A アジェンダを作らずにきっちり進行するのが腕の見せ所。

B 協議事項を細かく記載したアジェンダを作成し、
提示している。

C 時間割を付記したアジェンダを作成し、提示している。

　そもそも会議とは、決まった議題に対して意見を聞いたり、対策を練ったりするために実施される。いわゆる「打ち合わせ」も議題がなければ実施されないので、ここではほぼ同類と考えよう。なお、あまり内容が固まっていないがアイデアや意見を自由に集めたい場合におこなう意見交換の場は、「ブレスト(ブレインストーミング)」として別に考えることにする。

　会議や打ち合わせでは、事前に資料を配るのが恒例になっているはずだ。それ自体が慣例化されていないなら、徹底的に反省するべし。もちろん、商談で金額を事前に開示したらやりとりにならないので、開示する情報の精査など、資料作りには細心の注意を払う必要はあるが。

　僕がとにかく問題だと感じるのは、資料を渡して終わりにして

いる人があまりにも多いことだ。

　資料と同様、もしくは資料以上に重要なのがアジェンダだ。アジェンダとは、「議題」という意味。要するに会議や打ち合わせで取り上げる内容のとりまとめだ。

　Aの「アジェンダを作らずにきっちり進行するのが腕の見せ所。」は、どれほど進行者の腕が良くても０点だ。アジェンダは、進行しやすくするためだけに作るのではなく、参加者が会議の全貌を把握するために必要なのだ。「自分の出番は次の議題か」「この発言は、次の議題でするべきだな」などと、アジェンダがあれば会議の中での自分のスタンスがわかりやすくなる。それを**作らないなど、言語道断だ。**

　Bの「協議事項を細かく記載したアジェンダを作成し、提示している。」は、ほぼ合格点。アジェンダは、会議が始まる前、もしくは開催直後に提示する。事前に配布する資料と同時に渡してもよいし、会議室のホワイトボードの片隅に書いておいてもいいだろう。

アジェンダを見てもらった時点で、過不足がないか意見を出してもらうようにしよう。中には「見積書が間に合わなかったので、○○の話は今日はできません」などと、申し出てくるケースもある。これはこれで、いいことだ。本題に入る前にわかれば、全体の時間の使い方も調整できるのだから。

　C「時間割を付記したアジェンダを作成し、提示している。」が最良の解答だ。例えば次ページの【図２】のように、１時間の

会議なら、60分をどのように使うか、最初に提示しておく。この時点で時間が足りないとか、確保しすぎている場合には指摘してもらう。多くの人が時間を要求しても、会議の時間は決まっているのだから、譲り合って調整するしかない。もしくは、別の会議を開いて議題を先送りすることになる。**時間の割り振りが明確にならない状態で適当に話を進めるから、いつも最後に時間切れとなるのだ。**

　アジェンダに時間が書いてあるケースはほとんど見かけないが、ジバラにはとても効くのでぜひ試していただきたい。

【図2】

アジェンダの例。時間を各議題より前に記載することで、縦に揃って見やすくなる。何より時間が重要であることが伝われば、ベスト。

11月14日　定例営業会議アジェンダ

【1】10分〈〜13:10〉
顧客からのクレームについての対応策
担当:工藤部長／事前配布資料(1)

- -

【2】20分〈〜13:30〉
新規顧客のシェア
担当:吉田課長／事前配布資料(2)

- -

【3】20分〈〜13:50〉
新製品の事前情報
担当:各マーケ担当者／カタログ参照

- -

【4】10分〈〜14:00〉
その他　何もなければ終了

ダラダラ会議回避を周知徹底させる マストアイテム

no.8　　　　　　　　　　　　Ⓐ2点　Ⓑ1点　Ⓒ5点

どうしても会議が長くなりがち。
きっちり終わらせるためには、どんな工夫を取り入れる
べき？

Ⓐ 常に「あと○分です」などと途中で時間を知らせている。

Ⓑ 会議のスタート時に「発言をなるべく短く」と伝えている。

Ⓒ 残り時間をアラームや時計で知らせるようにしている。

　会議を短くする──昔からビジネス書でよく書かれているテーマだ。いろいろな方法論があるのだが、一番効果的なのは、参加者が時間を意識することだ。熱くなって議論を重ねるのは、まあいいだろう。だが、ヒートアップしつつも「あと○分だから話を短めにまとめよう」といった意識を、参加者の誰もが頭の片隅に置いておく必要がある。つまり、**会議の時間を短くするのは、参加者の良心にかかっているのだ。と言っても、それができる人と、できない人との差が激しい。**少しでも、参加者全員が時間厳守に注力するようにしてもらうには、工夫が必要になってくる。

　Ａ「常に『あと○分です』などと途中で時間を知らせている。」は、一見正解のように思えるし、事実悪いことではない。だが、熱を入れて話している相手にこれを言うのはかなり無謀だ。しかも、相手が上司だと言い出しづらいこと、この上ない。逆にあなたが上司で会議のイニシアチブをにぎれるとしても、口頭で時間

を伝えると、「話を切られた」と思う人が少なくない。とにかく発言に途中で介入するのは好ましくないのだ。

Bの「会議のスタート時に『発言をなるべく短く』と伝えている。」のように、会議の開催時に「時間厳守で」「話は短く」といった目標を提示するのも王道だ。だが、当たり前すぎてジバラ的には評価はできない。**「とにかく会議は短くしよう」と伝えてもできないのが多くの人の実態だからだ。**先程も触れたが、最近は会議室の利用時間が限られているので、規定の時間で会議は強制終了する。だが、すべての議題が消化できずに宿題になったり、次の会議に持ち越されたり、食堂で話の続きをしたりする——といったその場しのぎにすぎない対処法がとられることが多い。もっとも、no.7 で示した会議のアジェンダの時間の割り振りが適切ならば、「時間厳守で」と念を押す必要はないはずなのだが……。

正解はC「残り時間をアラームや時計で知らせるようにしている。」で、残り時間を機械に表示させるのがベストだ。とは言え、部屋には時計があるし、ビジネスパーソンたる者、たいていは腕時計もしている。スマホやパソコンの画面でも時間はチェックできる。それでも発言を効率化できずに、会議が長くなっている。

実は、いつも見慣れている時計では、〈時間の消化〉がイメージできないからうまく使えないのだ。時計の針が進んでいくのを見ても、残り時間と会議の進行度合いをリンクして意識できる人は少ない。

そこでオススメなのが、「カウントダウンタイマー」だ。スマホのアプリにいろいろとあるので利用するといいだろう。会議が始まったら、タイマーをスタートして見やすい場所に置き、カウントダウンする。**常に残り時間が表示されるので、早く進めなければ終わらない——というプレッシャーが、参加者全員にひしひしと伝わっていくはずだ。**他にも、アラームを鳴らすという手もあるが、こちらはちょっと強権的なイメージが伝わるので、プレゼンなどで時間を区切る時に使うとよいだろう。

iPhone では、「FlipTimer」というアプリを利用できる。無料で利用可能だ。

Android では「カウントダウンタイマー」というアプリを利用。もちろん、他のアプリでも機能が同等なら問題ない。

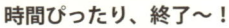

時間ぴったり、終了〜！

〈準備〉とは何かを知るべし

Ⓐ1点 Ⓑ5点 Ⓒ2点

> 来週開かれる大事な会議のため、
> 徹底して準備しておくなら、どれ？

Ⓐ 自分の発言・質問事項を明確にまとめておく。
Ⓑ 全体の流れや必須案件を考えて、目的と目標を確認する。
Ⓒ 眠くならないように、カフェイン入りのドリンクを用意する。

　大事な会議の前ならば、多くの人が、事前に発言内容や質問を
まとめておくのがベストだと考えるだろう。確かにその気持ちは
わかるし、重要なことだ。

　だがこれは、当然のこととも言える。自分が何か発言するなら
その内容をしっかりとまとめておく。何か質問があるとしても、
場当たり的に聞かずに、聞くべき理由をよく考えてから発言する
ようにする。**当たり前だが、できている人は意外と少ないのが現状だ。**

　闊達（かったつ）な会議は悪くないが、無意味な意見や質問の多い会議はム
ダに長いだけだ。活発な意見のやりとりは、会議ではなく部や課
などのチーム内で自由におこなう場を設けるべきだろう。つま
り、あまり目的が明確ではないやりとりとして別におこなうべき
なのだ。

　というわけで、Aの「自分の発言・質問事項を明確にまとめて
おく。」は悪くないが、ジバラ的には当たり前すぎるので点数は

低い。

　正解のＢ「全体の流れや必須案件を考えて、目的と目標を確認する。」といった考えをもつ人は、残念ながらとても少ない。会議で発言するとなると緊張して自分のことばかりを考える。上司に怒られる可能性があると思えば萎縮する。複数の人が集まっておこなわれるのが会議や打ち合わせなのに、ほとんどの参加者が自分中心で考えてしまっているのだ。

　要するに大事なのは、全体を考える視点をもつことだ。まず、会議の意味を理解する。何のために開催され、どんな結果が求められるのか。例えば、営業会議で予算を決めるなら、そのための考えをまとめていく。自分にとってベストな予算ではなく、部や課、会社にとって良い予算を考え、そのくくりの中で発言をする。
　会議は、自分の言いたいことを伝える場だと思っている人がいるが、そこが違う。会議は、意見をまとめたり結論を作り上げたりする場なのだ。その意識をもつだけでも、ジバラ度は上がるだろう。

　Ｃ「眠くならないように、カフェイン入りのドリンクを用意する。」も答えとしては悪くないが、本気で臨めば自分が発言しない会議でも眠くなることはないものだ。寝不足や過労気味の時の急激な多量のカフェイン摂取は危険なので、むしろそちらのほうが心配だ。

‖ 話しベタでも、自分の意思を伝えたいなら

no.10　　　　　　　　　　　　　　　🅐3点 🅑5点 🅒3点

> 言いたいことは山のようにあるのに、
> いつもよく伝わらない。どうしたら改善できる？

🅐 紙に書いて、言いたいことを整理してみる。

🅑 言いたいことを、50字以内にまとめる。

🅒 どうせ伝わらないなら言わないほうがまし、とあきらめる。

　会議や打ち合わせで、言いたいことや伝えたいことが盛りだくさんだが、いつもきちんと伝達できている気がしない──そんな相談をよく受ける。先日も、大手流通会社の若手スタッフから「上司に提案する機会を得たがうまく説明できそうにない」という相談を受けた。スキルうんぬんではなく、話しベタだったり、キャリアが浅くてやりとりに慣れていなかったりすると「伝わらない」と思うようだ。

　また、ベテランスタッフでも、「いつも言いたいことが伝わっていないと感じる」という人が少なくない。緊張したり萎縮したりするのが当たり前の会議や商談の場で、自分が言うべきことを的確に伝えるにはどうすればよいだろうか？

　Aの「紙に書いて、言いたいことを整理してみる。」はとても良い方法で、やったほうがよい。僕も当初はこの方法を推奨していた。

　ところが、多くの会社で試してみると、意外に「うまく書けない」「長文になってしまった」という方が多いことに驚いた。つまり、

自分で言いたいことそのものが整理できない。もしくは、会議の場で言うべき内容が最初からオーバーフローしているのだ。

確かに、画期的な提案をする時などには、いろいろなことを言いたくなる気持ちはよくわかる。相手の質問や反論に対して先回りして解決方法を伝えるくらいのことは、したくなって当たり前だ。**だが、話は長いほど伝わりづらくなる。**

紙に書き出すのは悪い方法ではないが、うまくまとまらないなら、そこに何らかの工夫が必要というわけだ。

そこで、**推奨しているのが、Bの「言いたいことを、50字以内にまとめる。」方法だ。** 50字というと、A4用紙のビジネス文章で1行半程度だ。もちろん、テストやゲームではないので、52字になってもかまわないが、できるかぎり50字以内にまとめるように努力する。

この方法を推奨すると、必ずといっていいほど「そんなに短いと伝えきれない」と言う人が出てくる。**だが、適当に設定した〈50字〉ではないのだ。**

拙著『新・あのヒット商品のナマ企画書が見たい！』（ダイヤモンド社／ 2013 年）という書籍でサイバーエージェントの提案について取材した。この時に驚いたのが、社長や役員に提案する際に、最初の選考では 25 字以内で判断されること。**25 字以内で役員が「なるほど！」と思える提案ができないなら、最初にふるい落とされる、というのだ。** そんなに短くて伝わるのかと、僕も面食らったのだが、これがきちんと機能している。25 字で相手の心の琴線(きんせん)に触れたら、3分のプレゼンの機会が与えられるのだ。それでも、たった3分のチャンスではあるのだが！

つまり、**ほとんどのケースで自分の言いたいことがまとまらな**

いのは、多く伝えようとしすぎているにすぎないのだ。本当に素晴らしい意見やアイデアなら、短い文字数でもしっかり伝わる。その上で追加情報が必要なら、相手から質問が来るはずだ。そこで、ひたすらぜい肉をそぎ落としてまとめるための〈50字〉という設定なのだ。

　これでも、サイバーエージェントのケースに比べると2倍に増やしているのだから、できないはずがない。まず、50字以内で言いたいことをまとめてみよう。案外うまくいくはずだし、これなら確実に伝わる！

　ちょっと禅問答のようなC「どうせ伝わらないなら言わないほうがまし、とあきらめる。」だが、実はこれ、あながち間違ってはいない。伝わらないとわかっているなら、その段階で「伝える」ということ自体が間違っているので、言わないほうがいい。もう少し考えをまとめて、きちんと伝わる状態にしてから、改めて会議や商談に臨むべきだ。

　自分の中で、ストーリーが整理されていないために、正しく伝わらない提案は、素晴らしい内容であっても、ボツになるケースが多い。それは、あなたにとってマイナスなだけでなく、会社や取引先としても重要なチャンスを失うことになる。また、「どうせ伝わらないだろう」というマインドで話をするのもいただけない。まずは、〈50字〉にまとめる努力から始めてほしい。必ず、今までと違って伝わりやすくなるはずだ。

〈議事録信仰〉は、もうやめよう

no.**11**　　　　　　　　　　　　Ⓐ2点　Ⓑ5点　Ⓒ0点

会議の後、議事録作成は必須だと考えている？

Ⓐ もちろん！　議事録は大変重要なので詳細に作っている。

Ⓑ 記録はビデオなどで残す。
　議事録はメモ程度を作成すればよい。

Ⓒ 事前の書類とアジェンダがしっかりしているなら、
　議事録は不要だ。

　議事録を作るのは大変な作業だ。いろいろな会社で打ち合わせ
や会議に参加する機会があるが、そのうち半分程度は、担当者が
議事録を送ってくれる。1時間程度の会議の議事録が送られてく
るのは早くて翌日、遅いケースでは3〜4日後になる。

　なかには、同席した上司の印鑑を押した議事録が送られてくる
ケースもある。担当者数名がかかりきりになって作成したものを、
その席にいた上司が確認して送ってきているというわけだ。

　大切なのはわかるが、何のために、ここまで詳細な議事録を作
る必要があるのだろうか？

　Aの「もちろん！　議事録は大変重要なので詳細に作ってい
る。」は時代遅れだ。いわゆる言質を取るためや、参加しなかっ
た人に会議の内容を伝えたいなら、議事録より録音のほうが優れ
ている。**昔からの習慣なのはわかるが、そこから抜け出さないと
ジバラは実現しないのだ。** いまだに速記をしている国会も非常に
時代遅れだと、個人的には中継を見る度に思っている。

　Bの「記録はビデオなどで残す。議事録はメモ程度を作成すれ
ばよい。」が正解だ。会議の内容で決まったことなど重要なポイ
ントはメモとして記録する。これがいわば、議事録の代わりだ。「誰
が何を言った」といった情報を記録するのは、言質を取るためな
らばもはや不要で、録音したほうが確実だ。

　とは言え、会議の音声を録音した場合、初見の人との打ち合わ
せや大人数での会議の録音では、後で誰が何を言ったのか、わか
らなくなる可能性がある。また、スライドなどを指し示して説明
していた場面では、「ここがわかりません」的な発言になり、**せっ
かく録音を聞いても、内容が把握できないケースが少なくない。**

　そこでオススメするのがビデオの撮影だ。僕は取材や会議の場
では、できるかぎりビデオを撮影するようにしている（もちろん、
事前にビデオによる記録の承諾を得てから、だが）。これで、記
録は完璧にできる。誰が何を言ったのかも、何を指さして発言し
た内容かも、完璧に振り返れる。**ビデオなら、その場が完璧に記
録できる**のだから当たり前だ。

　ビデオでの記録にも、大げさなビデオカメラは不要だ。僕は、
360度カメラを用意して、テーブルの真ん中に置いている。これ
で、すべての人の発言からプレゼンの様子まで、室内の出来事
が全部完璧に記録できる。また、プレゼンを記録する場合には、
GoProというアクションカメラを使っている。画質が良い上に
ワイドなので、広い範囲を写せるのがメリットだ。

　もちろん、すべての会議や打ち合わせの記録をビデオで撮って
いるわけではなく、用途や内容で使い分けている。例えば、作業
チームでの簡単な打ち合わせではビデオも録音も不要なことが多

い。**何となくの打ち合わせと、明確な議題のある会議とでは、そもそも記録する意味が違う。**

　Cの「事前の書類とアジェンダがしっかりしているなら、議事録は不要だ。」というのは、かなり問題がある。どれだけ事前の資料やアジェンダを丁寧に作っても、会議や商談ではその場でいろいろな提案や決定事項が発生する。それを記録する必要があるからだ。**やはり、ビデオや録音による記録とメモを組み合わせるのがベストだ。**

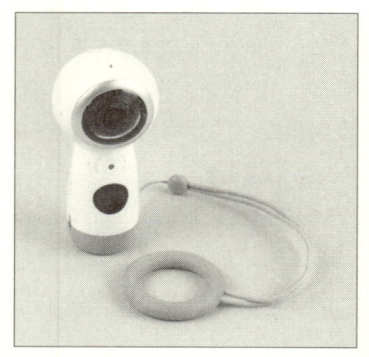

会議や打ち合わせ、取材などの記録に使っている全天空カメラ「Gear 360」。

筆者が参加した会議を録画している様子。スマホで再生でき、画面をスライドすると360度すべてが見渡せる。

‖ 録音の〈うっかり忘れ〉を防ぐコツ

no. 12　　　　　　　　　**Ⓐ**3点 **Ⓑ**5点 **Ⓒ**0点

打ち合わせや会議を録音するのを、忘れることはない？

Ⓐ 基本的にマメな性格なので、忘れることはない。

Ⓑ タイマーで、自動録音するから大丈夫。

Ⓒ たまに忘れるが、それはそれでしかたないと思う。

　録音をしなければならないとわかっているのに、つい忘れてしまう。または、会議が始まって少ししてから録音が必要なことを思い出し、あわててボタンを押す……よく見かける姿だ。

　同じ失敗を繰り返しているあなた、実際に何か対策をしているだろうか？

　僕の場合は取材や会議の際、基本的に相手に断ってから録音をする。ただ、**「録音している」と明確に伝わると、相手が緊張して良いやりとりができないケースがある。**そんな時にはもちろん許可は取るがその上で、「録音をしています」という印象を与えないように、そっと操作する。では目立たないように、しかも確実に録音をするには、どうしたらよいだろうか。

　Aのような「基本的にマメな性格なので、忘れることはない。」人は、実に素晴らしい。確かに、〈うっかり忘れ〉をほとんどしない人を、僕は何人も知っている。ただ、これはジバラ的には3点がいいところ。だって**マネができないのだから、工夫しようがない。**ちなみに、僕はかなりうっかりしているので、録音するべ

きだとわかっていても、ついつい忘れてしまう。

Bの「タイマーで、自動録音するから大丈夫。」が正解だ。日時を指定して録音をスタートしたり、○時間後といった形での録音に対応できたりするスマホのアプリを使えばよいのだ。これなら、事前準備でセットしておけばよいので、タイミングを逃すことがない。

そもそも、会議や商談のスタート時には、資料を配付したり、参加者が揃っているか確認したりするなど、やるべきことがたくさんある。だから、忘れてしまいがちなのだ。数時間前にタイマーをセットしてスマホのアプリを立ち上げておくだけでいい。それだけで、〈うっかり忘れ〉を回避できる。

本書では、iPhone と Android のタイマー録音に対応するアプリをそれぞれ紹介する。紹介したアプリ以外にも録音を時間指定できるアプリはあるので、好みのものを使えば OK だ。

ただし、事前にテストをして、きちんと時間どおり録音できているかどうか、必ず確認しておこう。**特に、アプリを裏で起動しておけば、スマホがスリープ状態でも録音できるかどうかは、チェックしておくべきだ。**今回紹介した 2 つのアプリは、僕の環境では利用可能だったが、スマホの機種や OS との相性もあるので、念のために事前チェックをしてほしい。なお、アプリの使い方は、62 〜 67 ページで紹介する。

「たまに忘れるが、それはそれでしかたないと思う。」という C は、もちろんお話にならない。ただ、自分で録音するのが難しいなら、他のスタッフに頼むという手はある。

　現実的には、録音を忘れても困ることはあまりない。そもそも録音を聞き返すケースなどあまりなく、記憶している内容やメモを見れば十分なことがほとんどだ。

　ところが、記憶が定かではなく、メモもものたりない状態で、「もう１度顧客の意向を確認しよう」と思った時に録音がないと、困る。つまり、**録音はいざという時のための保険としておこなうのだから、やっぱり必要なのだ。**

iPhoneで録音を予約している画面。使っているアプリは「録音（ボイスレコーダー）」だ。

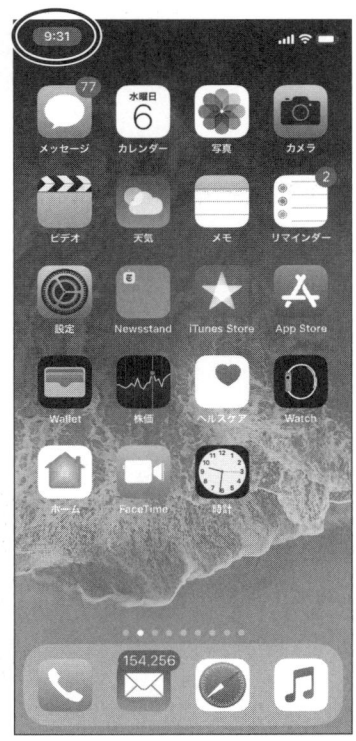

録音を予約しておくとホーム画面の左上に赤枠で予定時間が表示される（画像内の囲み部分）。

→ no.12 スマホのアプリで録音する方法

　スマホには録音できるアプリが多数あり、基本的にはどれを使ってもかまわない。見極めの条件は、ファイルを「Google ドライブ」や「Dropbox」などのクラウドストレージに保存できることだ。

・Android「DaRecorder」

　無料で使える録音アプリ。タイマー録音に対応するので、会議の時間がわかったらセットしておくと、〈うっかり忘れ〉がなくなる。なお、画面は無料版だが、190円の課金でプロ版に切り替えると、広告が掲載されなくなり、機能も強化される。

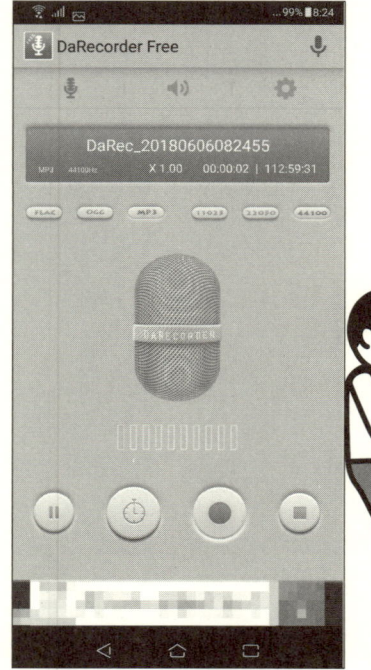

インストールして
おけば楽勝！

アプリをインストールしたら、「録音」
ボタンを押せばいい。使い方は簡単だ。

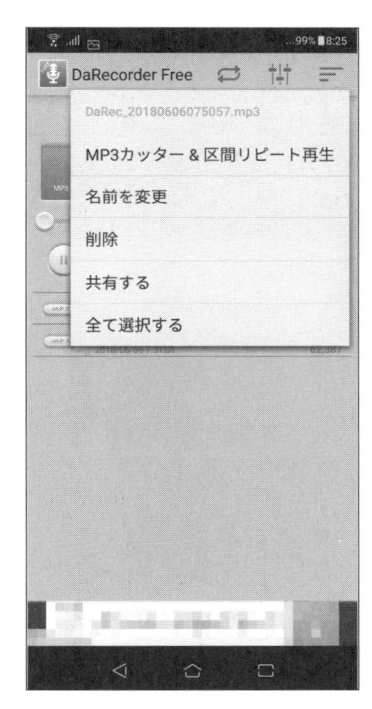

録音したファイルを長押しすると「メニュー」が表示されるので、「共有する」でクラウドストレージに転送できる。

「共有する」の「メニュー」からOne-DriveやDropboxなどのクラウドストレージを選ぶ。もちろん、それぞれのアプリがインストールされていないと、ここには表示されないので注意してほしい。

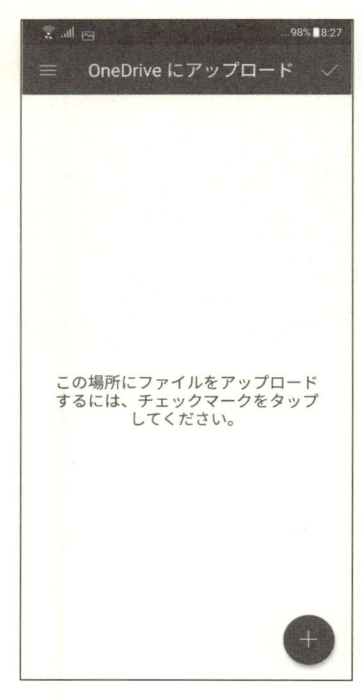

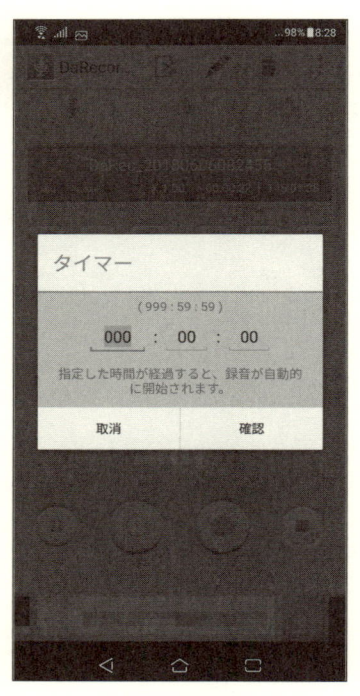

OneDrive で保存先のフォルダを選んで、右上のチェックマークをタップすると保存できる。

62 ページの最初の画面で時計のマークをタップすると予約録音ができる。会議の前にセットしておけば、録音忘れもない。

・iPhone「録音（ボイスレコーダー）」

　タイマーによる録音に対応するアプリだ。広告がややうっとうしいが、840円のアプリ内課金で削除できる。

これが AppStore でアプリを表示したところ。名前がシンプルなので間違えないように。

アプリを起動したら、「○ボタンで録音」「□ボタンで停止」とわかりやすい。

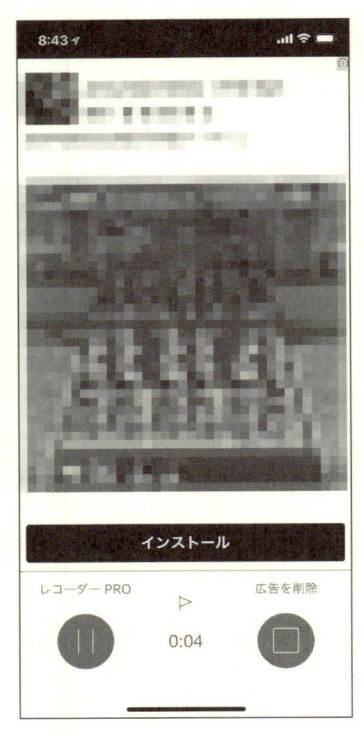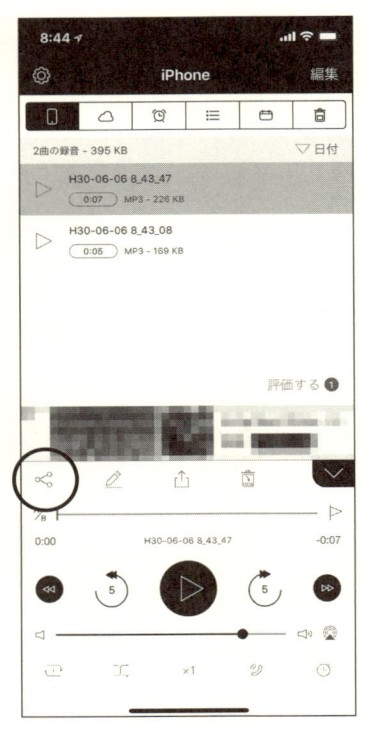

録音中の画面。上部に表示される広告や「インストール」を間違えてタップしないように。

ファイルは選択して再生可能。「共有メニュー」（画像内囲み部分）でクラウドストレージに保存できる。

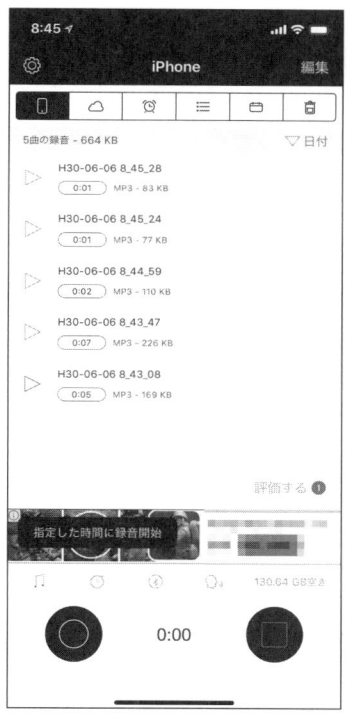

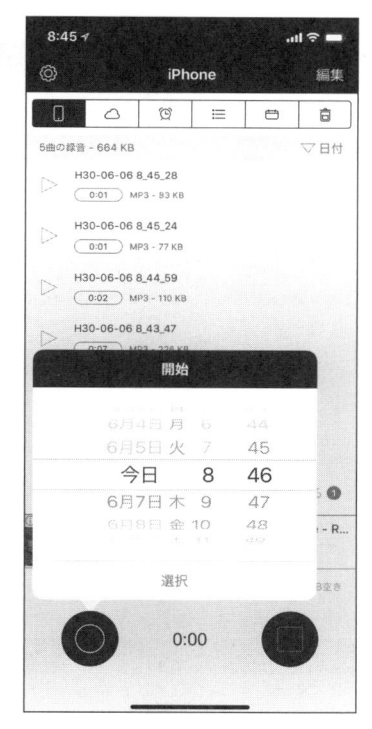

「録音」ボタン上の時計のマークをタップすると、時間指定録音が可能。

録音する日時を指定できた。

⊕MORE! パソコンやタブレットで録音する方法

　パソコンでの録音については、OneNote での手順を説明する。Evernote でも同様の作業が可能だ。また、iPad を持っている方には、Notability もオススメする。

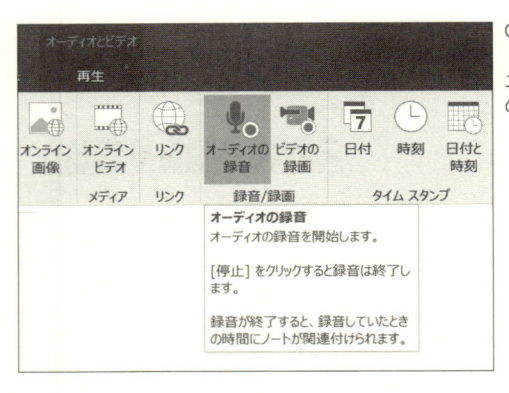

OneNote で会議のノートを取る際に「挿入」メニューより「オーディオの録音」をクリックする。

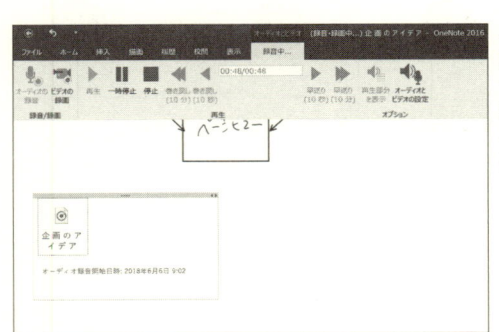

ノートに音声ファイルが貼り付けられるので、もう録音ファイルを探す必要はない。スマホで録音した音声ファイルをここに貼り付けても OK だ。

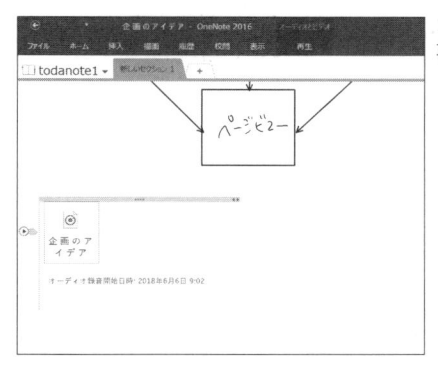

ファイルをダブルクリックすれば再生できる。

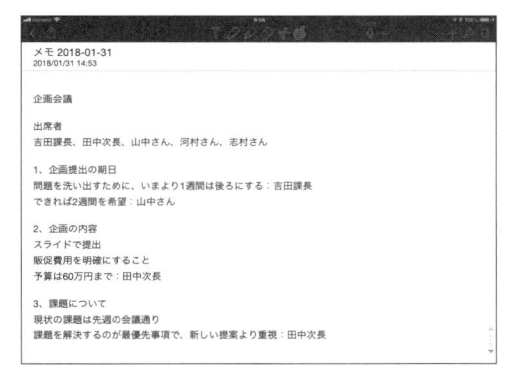

iPad の Notability で録音しながら会議の内容をメモする。

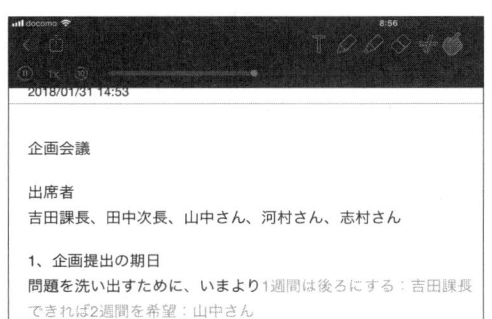

再生時にテキストをタップすると、そのテキストを入力したタイミングでの音声を再生できる。

ジバラ度check 3
外出先での仕事編①

次の各問いに対して、自分の対応に最も近いものをそれぞれ選択肢
A〜Cの中から選び、右下解答欄上段に記号、下段に点数を記入せよ。

no.13

出先のカフェなどで作業する際に、
覗き見や盗難に対する安全策を考えている?

Ⓐ 席を外す際には画面をロックしている。
Ⓑ 気にはなっているが、今のところ何もしていない。
Ⓒ 重要な書類は開かないようにしている。

Ⓐ4点 Ⓑ0点 Ⓒ3点

no.14

出かけようとしたら、鍵が見つからない!!
何か対策を考えている?

Ⓐ 鍵を置く位置を決めて、何とかならないかと試みている。
Ⓑ 忘れ物防止タグを鍵につけることで改善できた。
Ⓒ たまになので、気にしていない。

Ⓐ2点 Ⓑ4点 Ⓒ0点

no.15

ゲリラ豪雨に見舞われた! 雨宿りする? 濡れても走って移動する?

Ⓐ とりあえず全力疾走で移動する。
Ⓑ アプリで雨の様子を確認して、適切な雨宿りを考える。
Ⓒ しかたがないので、止むまでその場の軒先などで待つ。

Ⓐ0点 Ⓑ5点 Ⓒ2点

no.16

パソコンをテザリングで使用中。
スマホの電池が切れて、困ったことはない?

Ⓐ 困っているけど、しかたないとあきらめている。
Ⓑ ケーブルを使ったテザリングなら、スマホの電池は減らないので大丈夫。
Ⓒ 公衆無線LANをなるべく使うようにしている。

Ⓐ0点 Ⓑ5点 Ⓒ1点

no.17

外出中、店などに落ち着かないと、
スマホでメールを入力するのが面倒だと思ってない?

Ⓐ フリックが高速なので、楽勝!
Ⓑ 面倒だから、移動中には入力しないようにしている。
Ⓒ 音声入力を活用しているので、意外と大丈夫。

Ⓐ5点 Ⓑ0点 Ⓒ4点

no.18

移動中には耳にイヤホン。音楽を聴く?　それとも情報収集?

Ⓐ せっかくの息抜き時間なんだから、音楽を満喫している。
Ⓑ 実はラジオを聞いて、情報を集めている。
Ⓒ 最新のイヤホンで、ニュースやメールを聞いている。

Ⓐ2点 Ⓑ3点 Ⓒ5点

no.13 〜 18までの点数の合計点を計算して、「合計」欄に記入する。

	13	14	15	16	17	18	合計
解答欄	点	点	点	点	点	点	点

さあ、あなたの〈ジバラ度〉の判定は? ➡

71

判定！ あなたのジバラ度は……

25点以上：ジバラ度100%

営業などで外出が多いとお見受けする。移動先でも寸暇を惜しんで仕事をしていることだろう。ちょっとやりすぎの感もあるし、ちょっと心配なのが目先の〈働き方改革〉にとらわれていないかということ。中長期の働き方も考えてみよう。

20〜24点：ジバラ度70%

移動が上手なあなたは、ほぼ合格。もっと上を目指すかどうかは、移動の頻度で判断したい。週のうち外出するのが2日以下なら他 check のジバラ・テク獲得に注力して、全体のジバラ度を上げていってほしい。

15〜19点：ジバラ度50%

移動中や移動先での時間をかなりムダにしているあなた。移動中に仕事をするからこそ、残業が減り、かえって忙しい思いをしなくて済むのだ。スマホの有効活用に取りくんで！

10〜14点：ジバラ度30%

あなたは、少々頑固かもしれない。「スマホで仕事なんてしないよ！」とか思ってない？　まず考え方を変えなきゃ。できることからやっていったほうが、結果は良くなるはず。

2〜9点：ジバラ度0%

何も考えずに移動したり、自宅など会社以外の場所で仕事するテレワークの際に少しさぼったりすることに生きがいを見いだしていないか心配なレベル。目先の楽な30分が、後々痛い思いとして降りかかってくる。ふいに肩を叩かれたその刹那、後悔したくないなら今から努力を！

なぜ、こういう判定になるのか、
次ページからの「解答と解説」へ GO!

! 解答と解説

‖ 出先でパソコンを安全に使うなら

no.13　　　　　　　　　　Ⓐ4点 Ⓑ0点 Ⓒ3点

出先のカフェなどで作業する際に、
覗き見や盗難に対する安全策を考えている？

Ⓐ 席を外す際には画面をロックしている。

Ⓑ 気にはなっているが、今のところ何もしていない。

Ⓒ 重要な書類は開かないようにしている。

　最近はカフェなどで仕事をしている人を、とてもよく見かける。僕自身は、20年以上前からカフェで仕事をすることが多かったのだが、ワークスタイルが変わりはじめて、その数がとても増えていると実感している。

　カフェで仕事をすること自体はとても効率的で良いのだが、あまりにも無防備な人が多くて驚いてしまう。社名と金額の入った見積書を表示したパソコンを置いたままトイレに行く人を見かけると、**悲しくなってくる。まるでセキュリティに対する意識がなってない**と思うのだ。では、どんな対策をとればいいのか？

　A「席を外す際には画面をロックしている。」が正解で、席を外す時はパソコンの画面は必ずロックしておく習慣をつけたい。ノートパソコンの画面を閉じてもいいのだが、その場合にはスリープに入ることが多く（設定による）、復帰までにちょっと待

たされる。最悪の場合は、そのままフリーズしてファイルが消えてしまうことも。だから、**スリープよりもロック画面の表示が適切だ。**Windows のロック画面を表示するのは簡単で、「Win+L」キーを押せばよい。このショートカットキーを覚えているだけで、安心して使えるわけだ。

ロック画面とは、パソコンを起動した直後に表示されるパスワードを入力する画面だ。当然だが、覗き込んでもファイルを見ることはできない。また、操作しようとしてもパスワードの入力を求められる。トイレに入っている間などに、万一パソコンを盗まれても、簡単にはファイルを開くことができないので安心だ。

利用画面への復帰には、パスワードを入力すれば OK。最近のパソコンなら、指紋認証などの生体認証機能が搭載されているものも多いので、すぐさま作業を再開できる。余談だが、これから外出先で使うパソコンを買うなら、指紋認証機能がついている製品をオススメする。

B「気にはなっているが、今のところ何もしていない。」は、失格としか言いようがない。会社が力を入れてセキュリティの対策を打ったせいで、外出先で当人がファイルを開けなくなってしまっては意味がない。だから会社はコストをかけて、出先でもファイルを使えるセキュリティの仕組みを作っている。万一パソコンを盗まれてもファイルが使えないなど、技術は日々進化している。

ところが、社員当人がおおっぴらに機密情報の原価などが入った資料を開いてしまう。**ファイルが悪用されなくても、覗き見られたらそれまでだ。**作業の最中に覗き込まれることは少ないだろうが、ファイルを開きっぱなしで離席するのはもってのほかだ。

カフェで仕事をする際には、できるだけ壁を背にできる席を選

ぶことをオススメする。**最悪なのはレジに背中を向ける席だ。**多くの人が行き交う上に、順番待ちで暇な人が画面を覗き込む可能性が高くなるからだ。

　そもそも出先では「重要な書類は開かないようにしている。」というＣも１つの考え方だ。外出先では、常に危険性を考慮して作業をしたい。

　信じられないのが、大手企業の１階や地下にあるカフェ。その会社に商談に来た人たちが大挙して時間をつぶしつつ、資料を開いたり、相談したりしている。これでは、取引先やライバル会社に機密情報が筒抜けになる可能性が大だ。できれば、せめて隣のビルなど、ちょっと離れたカフェを使うべきだ。重要な書類をどうしても開きたいなら、プライバシーフィルターを使うなど、ちょっと工夫してほしい。

パソコンをロック画面にした。「Win+L」キーを押すだけなので、0.5秒でセットできる。

これから買うなら、指紋センサーの付いているパソコンがオススメ。

出かけ際にバタバタしないために

no.**14**　　　　　　　　　　　　　　🅐2点 🅑4点 🅒0点

出かけようとしたら、鍵が見つからない!!
何か対策を考えている？

🅐 鍵を置く位置を決めて、何とかならないかと試みている。
🅑 忘れ物防止タグを鍵につけることで改善できた。
🅒 たまになので、気にしていない。

　誰でも、出かける間際に必要なものが見つからず、あわてたことがあるだろう。特に多いのが、鍵が見つからないケースだ。いつもの場所にあるはずなのに見つからず、しかも出かける時間が迫っているとちょっとしたパニックになる。

　最近では、持ち出すものが昔よりも増えている。定期券はカードに変わっただけだが、新しいビルでは入館証やICカードがないと目的の会社には入れないし、スマホも必要だ。

　出かける間際にモノ探しで困らないために、あなたは何か対策をしているだろうか？

　A「鍵を置く位置を決めて、何とかならないかと試みている。」は、昔からよくおこなわれている対策で、何もしないよりは、はるかにいい。常に鍵を置く場所を決めておくのは、人力でできる対策としてはベストと言えるだろう。だが、**置き場所を決めているにもかかわらず、あるはずの鍵がそこにないから、みんな困るのだ……。**

　B「忘れ物防止タグを鍵につけることで改善できた。」がイマドキの方法としては大正解。「忘れ物防止タグ」とは、要するにキーホルダーのような製品だ。小さなタグの中に Bluetooth で接続できるセンサーが入っている。もし、鍵などが見つからなければスマホを操作することで音を鳴らせるので、近くのカバンなどに入っていればスグ見つけられる。

　また、別の部屋などにある場合には、電波の強度を頼りにスマホの画面を見て探すことができる。1000 円ちょっとから手に入るものなので、うっかりしがちな人は購入してみるとよいだろう。僕も愛用中だ。

　C「たまになので、気にしていない。」は、おおらかな人なのだろう。まあ本人はそれでもいいかもしれないが、**鍵が見つからないばかりに遅刻すると、相手に迷惑をかけることになる。**これはいただけないので、やはり失格としか言いようがない。

写真の右下が忘れ物防止タグ。この製品は「Track R」だ。

ゲリラ豪雨のジバラ的活用法

> ゲリラ豪雨に見舞われた！　雨宿りする？
> 濡れても走って移動する？

Ⓐ とりあえず全力疾走で移動する。

Ⓑ アプリで雨の様子を確認して、適切な雨宿りを考える。

Ⓒ しかたがないので、止むまでその場の軒先などで待つ。

　出先で仕事することが多い人は、想像以上に天気を気にするものだ。日々外出していると、だんだんその気持ちがわかってくるだろう。とにかく荷物を多くしたくないので、寒くないなら上着は持ち歩きたくない。また、雨が降る予報が出ていないなら折りたたみ傘もいらない。少しでも荷物に余裕があるなら、モバイルバッテリーなど、仕事に役立つツールを持ち歩きたいと思っているのだ。

　それでも、日々外出していると雨に降られることが多い。夏場は特にゲリラ豪雨や夕立に突然襲われることもしばしば。出張先の天気が予報では曇りだと言っていたのに1日雨に降られて、恨みたくなることも。

　出先で真剣に仕事をしていると、単に、傘を買えばいいというわけにもいかないのだ。しょっちゅう傘を買っていては、懐も痛む。もし、雨がある程度降り続くならカフェに入って雨宿りしながら仕事をしたほうが効率がいい——さて、あなたは出先で急に雨に降られたら、どう対応しているだろうか？

　A「とりあえず全力疾走で移動する。」は、あまりほめられた選択ではない。とりあえず全力疾走で移動して、電車などに乗ろうというわけだろう。確かに、歩くよりは走ったほうが雨に濡れる量は少ないようだが、びしょ濡れになり、風邪でも引いたら効率どころの話ではない。

　Bの「アプリで雨の様子を確認して、適切な雨宿りを考える。」が正解だ。雨が降ってきても、いつ頃止むのかがわかれば、対策の立てようがある。すぐ止むなら軒先で雨宿りをすればいいし、30分以上降り続くならカフェに入って仕事をすればいい。さらに続くなら、傘を買う手もある。どちらにしろ、今後の降雨の様子がわかれば、効率的な対処ができるわけだ。

　しかし、**今後の雨の様子を知るには、たいていどの天気予報アプリを見てもあまり役立たない。**もう少しスパンの長い予報には適しているが、今いるこの場で、あとどのくらい雨が降り続くかはわからないからだ。

　そこでオススメなのが、雨雲が表示されるレーダーアプリ。上空の雲の様子がわかるので、その場で雨が降り続くのか、すぐさま止みそうなのかが、ある程度判断できる。天気予報よりも、より短時間かつピンポイントの降雨状況や予測がわかるからだ。

　レーダーが表示できるアプリで、僕が愛用しているのは「アメミル」だが、「Yahoo! 天気予報」でも十分に役目を果たしてくれる。「アメミル」は有料会員になると今後の雨雲の様子も予測可能だ。「Yahoo! 天気予報」は無料で使える。

　「しかたがないので、止むまでその場の軒先などで待つ。」Cは、

最も効率が悪い。適当に雨宿りをしていると、だんだん移動のためのタイムリミットが迫ってきて、時間がなくなり、結局は大雨の中を走るハメになることも。

　レーダーアプリを見れば雨の強さも色で表示されるので、どうせ走るなら小降りになってからにしようなどと決められる。本書は残念ながらモノクロだから画面の様子がわかりづらいので、インストールしてチェックしてみよう。

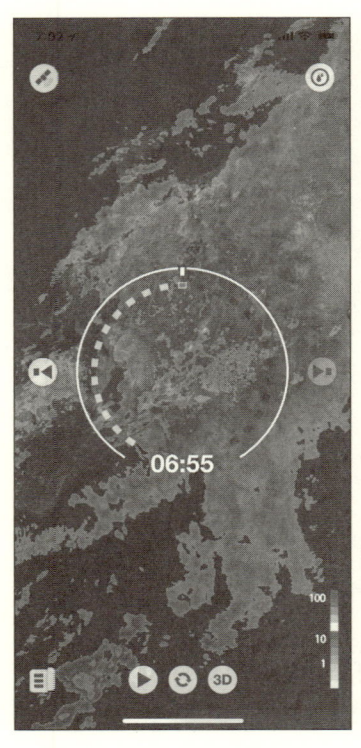

「アメミル」を使うと、雨雲の動きがよくわかる。

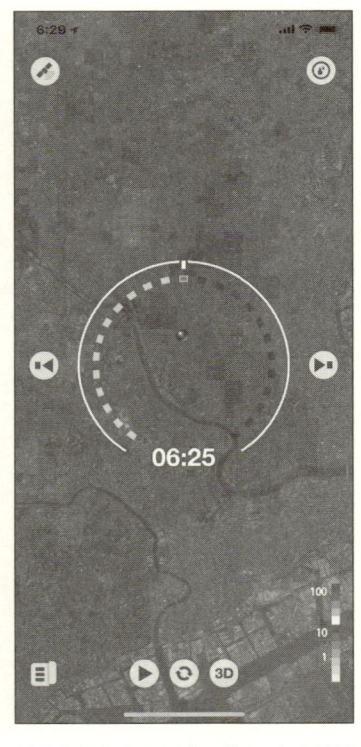

地図を拡大するとピンポイントの情報がわかるので、今いる場所の雨が止みそうかどうか、判断可能だ。

‖ 出先でのテザリングをもっと快適に!

no.16

Ⓐ 0点 Ⓑ 5点 Ⓒ 1点

パソコンをテザリングで使用中。
スマホの電池が切れて、困ったことはない?

Ⓐ 困っているけど、しかたないとあきらめている。

Ⓑ ケーブルを使ったテザリングなら、
　スマホの電池は減らないので大丈夫。

Ⓒ 公衆無線LANをなるべく使うようにしている。

　出先で仕事をする際にはテザリングを利用する人が多い。「テザリング」とは、スマホのデータ通信回線を利用して、パソコンなどで通信する機能だ。つまり、スマホが無線LANの親機になる機能と思えばわかりやすい。

　パソコンの一部のモデルでは、それ自体にスマホと同じLTEを内蔵でき、いつでもどこでも、単体でデータ通信が可能だ。とても便利なのだが、まだそんな機種は少ないし、そもそもランニングコストもかかる。外出先での利用では、多くのパソコンがテザリングで利用されているのが実状だ。

　とても便利なテザリングなのだが、スマホの電池が早く減る欠点がある。ただでさえスマホの電池がもたずにイライラしている方が多いので、これは困りものだろう。**電池の消費を少なくしつつ、データ通信ができる良い方法はないものだろうか?**

　最悪の解答がA「困っているけど、しかたないとあきらめてい

る。」だ。**ジバラでは、困っていることの解消から効率化が始まる。効率が悪いと思うことを見つけたら、実はジバラへの最初の一歩なので喜ぶべきだ。**ごく短時間の効率化でも積み重ねていけば、大きな効率化になるのだ。逆に、使うたびに「電池が減るなあ」と思っているのに放置しているなら、「残念」の烙印を進呈する。

「ケーブルを使ったテザリングなら、電池は減らないので大丈夫。」のBが正解だ。普通のテザリングはスマホが無線 LAN の親機になる。つまり、パソコンとスマホの間はワイヤレスだ。

ワイヤレスをあきらめて、スマホとパソコンとの間をケーブルでつなぐ。こうすると、スマホに充電しながらテザリングができる。画期的な仕組みだ。**当然スマホの電池は減らないし、徐々に増えていくだろう。**もっとも、パソコンの電池は減るのだが、スマホよりはバッテリーの容量が大きいので、効率的な使い方と言える。

また、パソコンを電源に接続しているなら、完璧な利用方法となる。この方式にはケーブルが必要なのだが、どちらにしても充電用のケーブルは持っているはずなので、問題なく利用できるだろう。

操作は簡単だが、設定の方法については、91 〜 93 ページで紹介する。

テザリングを使わずに、店などの「公衆無線 LAN をなるべく使うようにしている。」という C も悪くはない。だが、いつでもどこでもデータ通信ができないと効率的に仕事ができないわけだが、公衆無線 LAN でこと足りる場面はそう多くない。

しかも、実際によく使う方ならご存じだと思うが、**公衆無線**

LANは接続するまでが面倒だ。ブラウザーを開いて、お店の許諾などに同意しなければならない。その作業に数分かかることもある。仮に作業時間が30分取れるとして、インターネットの接続に毎回3分かかっているなら、1割がムダになっているのだ。よって僕は、基本的にはスマホのテザリングを利用している。

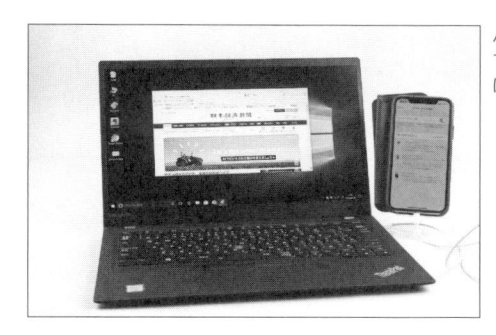

パソコンとスマホをケーブルで接続してテザリングすれば、電池は減らない。

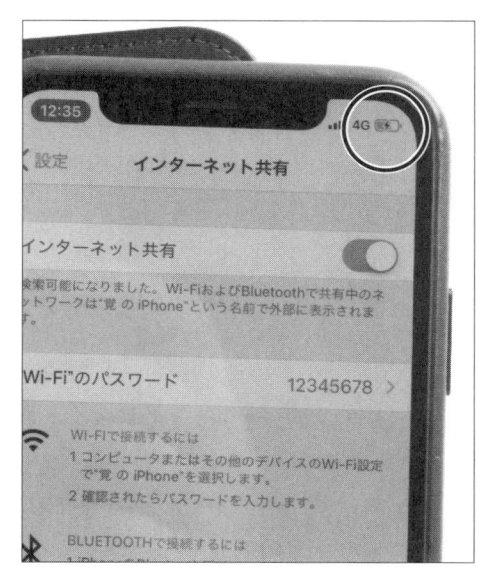

スマホの充電マークが（画像内丸囲み部分）点灯していることがわかるだろう。

‖ スマホでの文字入力が苦手なあなたへ

no.17 Ⓐ5点 Ⓑ0点 Ⓒ4点

外出中、店などに落ち着かないと、
スマホでメールを入力するのが面倒だと思ってない?

Ⓐ フリックが高速なので、楽勝!

Ⓑ 面倒だから、移動中には入力しないようにしている。

Ⓒ 音声入力を活用しているので、意外と大丈夫。

単刀直入に聞こう。あなたは、移動中にスマホでメールを入力するのが面倒だと思っていないだろうか?

移動中にメールや SNS をチェック。すかさず返事を返したいところだが、あなたはどうしているだろう? ＩＴ系の仕事を多くしている僕も、恥ずかしながらスマホでの文字入力が苦手だ。あの小さな画面上のスクリーンキーボードを速くタイピングするのが困難だからだ。もちろん、カフェなどでパソコンを開いていれば問題はない。だが、スマホでメールを開いた時にかぎって、急ぎの連絡だったりする。さて、どうする?

Ａの「フリックが高速なので、楽勝!」というのは、素晴らしすぎて、ぐうの音も出ない。若い方はフリック入力が非常に速く、パソコンのタッチタイピングに近い速度でスマホに入力できる方が少なくない。いつかはそうなりたいと思っているのだが、残念ながら今から練習するには無理がある。昔からパソコンを使い慣れている人が、フリックを習得するのは困難だ——と、自分に言

い訳しておく。

　B「面倒だから、移動中には入力しないようにしている。」は、**ジバラ的には本末転倒。**メールやSNSの返信が遅れて、仕事が止まってしまうではないか。特にビジネスチャットがこれから流行することは間違いなく、返事が遅いとコミュニケーション力が弱いと思われることは明白だ。

　今フリック入力ができていない人は、Cの「音声入力を活用しているので、意外に大丈夫。」が正解だ。最近の音声入力は思っているよりも性能が高く、タイピングするよりもはるかに速い。もちろん、誤認識もあるのだが、それは気にせずに後で修正するようにする。大事なのは認識率ではなく、トータルでの作業時間をどの程度短くできるかだ。移動中の電車内で音声入力するのは厳しいものだが、周囲に聞き取れないほど小さな声でも入力は可能。カフェでも問題なく使えるだろう。

　音声入力はiPhoneにおいては素晴らしく洗練されており、僕も日常的に利用している。コツは、「まる」「てん」と発音して、句読点（「。」「、」）を入力すること。また、改行も「かいぎょう」と言えば、入力できる。

　Androidは、残念ながらその辺の機能がいまひとつだ。特に句読点や改行入力に対応していないので、長文の入力には無理がある。ただし、よくテレビCMなどで見かける、検索のためのキーワード入力程度なら使い物にはなる。解決策は、94〜97ページで紹介する。

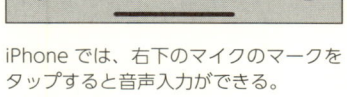

iPhone では、右下のマイクのマークを
タップすると音声入力ができる。

iPhone に向かって話しかければ、片っ
端からテキストになる。「てん」「まる」
「かいぎょう」などを使うと便利だ。

長文でも案外すらすら入力できて、遅いタイピングよりは快適。誤認識は入力を終えてから修正するとよい。なお、修正候補にはアンダーラインが引かれる。

ここ、会社なんですけど…

ねっころがってても
入力サクサク！

移動時間＝息抜き＋α がジバラ流

移動中には耳にイヤホン。

音楽を聴く？　それとも情報収集？

Ⓐ せっかくの息抜き時間なんだから、音楽を満喫している。

Ⓑ 実はラジオを聞いて、情報を集めている。

Ⓒ 最新のイヤホンで、ニュースやメールを聞いている。

　電車の中や街中で、歩いている人がイヤホンをつけている姿を、とてもよく見かける。音楽を聴きながら移動するのは楽しいものだ。苦痛でしかない満員電車が、多少なりとも快適な空間になるなら嬉しいではないか。

　とは言え、個人的にはいくつかの思いがある。まず、耳を完全にふさぐ危うさだ。事故などに遭う危険があるのはもちろん、電車を乗りすごすこともあるかもしれない。例えば、飛行機やカフェで映画を観るなど、まとまった時間を費やして没頭するのならイヤホンをしていても問題ない。だが、移動中に周囲の音が聞こえなくなるのはいただけない。

　それに、単に音楽を聴いているだけでは、僕としてはものたりない。昔はクリエーター系のオフィスでは、よくＦＭラジオが流されていた。編集部・デザイン会社・設計事務所などがそうだ。ＦＭを何気なく聞いているのは音があっていいし、音楽が流れるだけでなく、適切な間隔でニュースを教えてくれるのもありがたい。

　スマホのイヤホンでも、単に音楽を聴いているだけではもった

いないと思うのだ。

　A「せっかくの息抜き時間なんだから、音楽を満喫している。」は、ある意味では正解だ。効率などを考えずに息抜きをしたいならそれもいい。**ただ、息抜き以外の使い方も、「しっかりわかった上で」にしてほしい。**疲れた日には、音楽を聴いて息抜きをするのもオススメだ。だが、毎日の通勤時間をすべて息抜きに当てるのも、ちょっともったいないと思う。息抜き＋αにしたいわけだ。

　イヤホンをつけていても、「実はラジオを聞いて、情報を集めている。」Bは、なかなか良い。スマホでも簡単にラジオが聴けるからだ。「radiko」というアプリをインストールして使えばよい。ただ、好みの音楽を聴きたい方には、ちょっとそぐわないが。

　Cの「最新のイヤホンで、ニュースやメールを聞いている。」がイチオシで、ソニーの「Xperia Ear Duo」という製品を使うと、音楽の聴き方が変わる。このイヤホン、耳の穴に装着する部分に穴があいている。音楽などは、音導管を通じて流れてくるのだが、同時に周囲の音も聞けて音漏れも気にならない。移動中にもこのイヤホンを使うことで、乗りすごしや、警笛が聞こえないなどの危険性が減るのは嬉しいかぎりだ。

　また、スマホと組み合わせると、さまざまな機能が利用できる。特に通知機能が優れていて、１時間ごとに時刻を知らせてくれるし、装着後など適切なタイミングで最新のニュースが聞ける。

　さらにすごいのが、スマホの各種アプリ機能との連携だ。メールの着信を知らせてくれるだけでなく、内容を読み上げてくれる。

同様の機能は LINE にも対応する。また、電話の不在着信もわかる。これらの機能は、すべて好きな音楽を流している間に、割り込んでくる仕組みだ。満員電車でスマホが使えない状況でも、必要な情報がたくさん手に入るのだから素晴らしい。

完全ワイヤレスイヤホンの Xperia Ear Duo は、専用のケースで充電しながら使う。価格は 2 万円台半ばと高いが、毎日使うならモトは取れるはず。

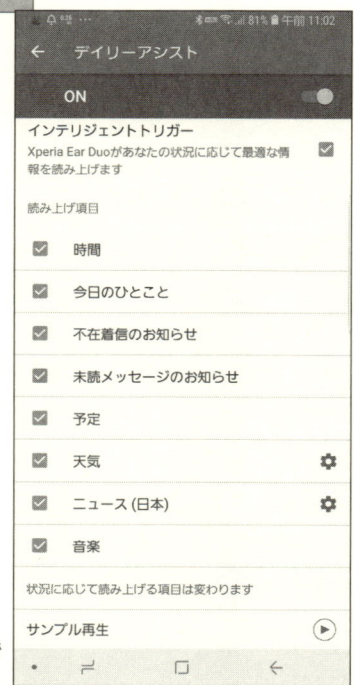

ニュースや時報など、必要な情報を選んでおけば、適切なタイミングで再生される。

⚙ ツール解説

→no.16 USBテザリングの方法

　パソコンとスマホとを USB ケーブルで接続して、テザリングする方法を説明する。それぞれ、データ通信が可能なケーブルを用意する必要がある。基本的には、純正のケーブルなら問題なく利用できるはずだ。100 均で売っているような格安ケーブルでは、充電はできてもデータ通信ができないケースがあるので、注意してほしい。

　USB テザリングは、スマホとパソコンとの間がワイヤレスではなくケーブルでつながるために、データの転送率が高く、通信速度が速くなるメリットもある。ただし、テザリングには申し込みが必要な場合もある。

・Android（テザリング対応機種の場合）

パソコンと USB ケーブルで接続する。「設定」から「無線とネットワーク」をタップする。

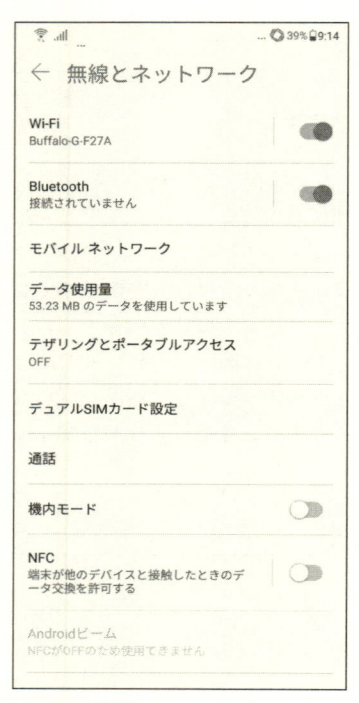

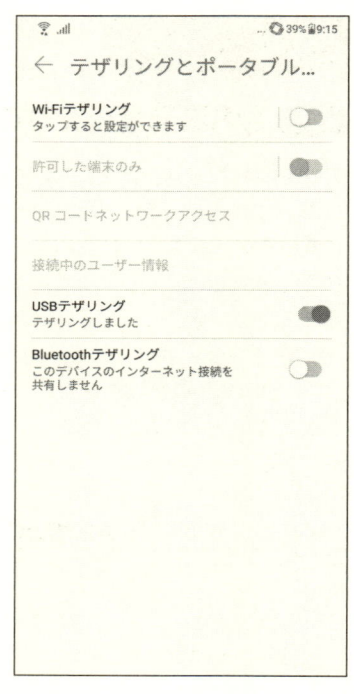

次の画面が開いたら、「テザリングとポータブルアクセス」をタップする。

「USB テザリング」をオンにする。
画面や手順はスマホの機種や OS のバージョンによって多少異なるが、ほぼ迷わずに利用できるはずだ。なお Android では、先に USB ケーブルを接続しておかないと、「USB テザリング」がオンにできないので、注意。

・iPhone

「設定」から「インターネット共有」を
タップする。

「インターネット共有」をオンにする。
パソコンと USB ケーブルで接続する。
Wi-Fi ではなく「ネットワークに接続」
と表示されて、インターネットが利用
できるようになる。

→**no.17** Androidでの音声入力のコツ

　Android の標準の音声入力機能は、句読点などの入力に弱く、機能的にはいまひとつだ。そこでオススメするのが専用アプリ「Edivoice」の利用だ。

　このアプリも句読点などの音声入力はできないが、専用のキーが表示されるのでタップすればOKだ。さらに、認識したテキストの修正候補も表示されるので、誤認識もかなり少ない。ぜひインストールして使ってみてほしい。

　普通の日本語入力からは、「マッシュルーム」という機能を利用することでEdivoiceを呼び出して入力できる。「Google 日本語入力」や「ATOK」などが「マッシュルーム」に対応している。ここでは、「Google 日本語入力」での利用方法を紹介する。

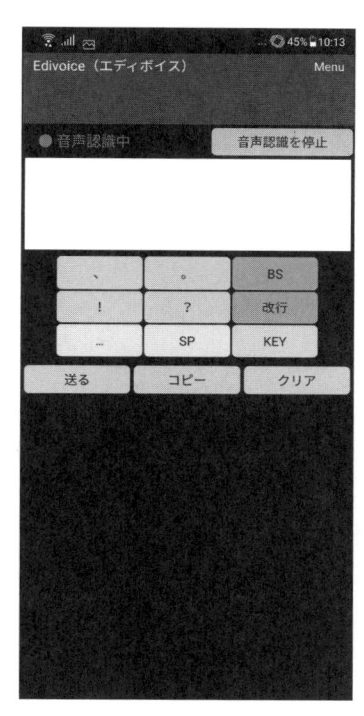

まずは、Edivoice をインストールして使えるようにしておく。

この画面は「Google Keep」というメモアプリに日本語を入力するところだ。普段どおりに「Google 日本語入力」が開いたら、左下の「あa」ボタンを長押しする。このメニューが表示されたら「マッシュルームを起動」をタップ。

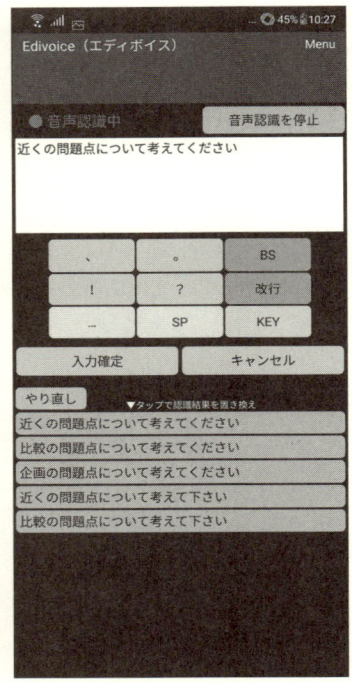

表示されるリストから Edivoice を
選ぶ。

Edivoice が起動するので、スマホに話
しかけて入力する。候補が表示される
ので選べばよい。

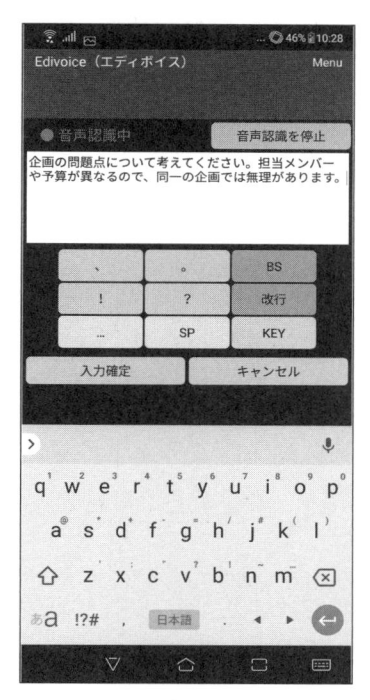

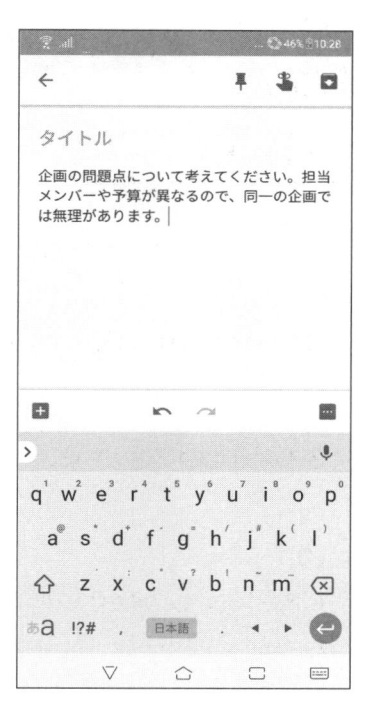

句読点は、上のボタンをタップすれば入力できる。文章・表記は、キーボードでも修正できる。入力を終えたら「入力確定」をタップする。

メモアプリにテキストを入力できた。

ジバラ度check 4
外出先での仕事編②

? 設問コーナー

次の各問いに対して、自分の対応に最も近いものをそれぞれ選択肢A〜Cの中から選び、右下解答欄上段に記号、下段に点数を記入せよ。

no.19

3週間前の木曜日に何をしていたか、10秒で答えられる?

Ⓐ 手帳を開いてチェックするので、少し待ってほしい。
Ⓑ 昨日食べたモノさえ思い出せないのだから、無理。
Ⓒ 移動経路をチェックすれば、ほぼ完璧に答えられる!

Ⓐ2点 Ⓑ0点 Ⓒ5点

no.20

出張での訪問先、出かける前の準備はどうしている?

Ⓐ 専用の地図を作って、しっかり管理している。
Ⓑ 名前や住所をノートアプリにまとめている。
Ⓒ 現地に行ってから調べるのが出張の醍醐味。

Ⓐ5点 Ⓑ3点 Ⓒ2点

no.21

外で待ち合わせ。今いる場所を、相手にはどう伝える?

Ⓐ ランドマークを電話などで伝える。
Ⓑ LINEの「位置情報」を送る。
Ⓒ Googleマップの「位置情報」を送る。

Ⓐ1点 Ⓑ4点 Ⓒ5点

no.22

受付で担当者の部署を聞かれた！　あたふたしてない?

Ⓐ 相手の名刺を持っているので、大丈夫だ。
Ⓑ 人相を伝えるのがうまいので、困らないと思う。
Ⓒ スマホを見れば名刺のデータがあるので、問題ない。

Ⓐ2点 Ⓑ1点 Ⓒ5点

no.23

近頃、話題のテレワーク。〈在宅勤務〉の場合には、どんなことを心がけるべき?

Ⓐ 作業時間を明確にして、会社に報告している。
Ⓑ 1人でも必ず、朝礼をおこなっている。
Ⓒ 会社で作業していた時と同じペースで働くように頑張る。

Ⓐ0点 Ⓑ5点 Ⓒ3点

no.24

在宅勤務中、電話が鳴りっぱなしで、作業がはかどらない。
どう対処する?

Ⓐ 留守電にしておき、後でまとめて対応する。
Ⓑ 電話にほとんど出ないようにして、
　　次第にかかってこなくなるようにしていく。
Ⓒ 大事なコミュニケーション手段なので、ウェルカム!

Ⓐ0点 Ⓑ5点 Ⓒ2点

no.19 〜 24までの点数の合計点を計算して、「合計」欄に記入する。

	19	20	21	22	23	24	合計
解答欄	点	点	点	点	点	点	点

さあ、あなたの〈ジバラ度〉の判定は？ ➡

あなたのジバラ度は……

25点以上：ジバラ度100%

完璧の一言。ただ、no.23 や no.24 の点数が低めだったら、忙しさに負けているかも。つらい思いをして効率化するのは、究極のジバラとは言えない。効率化は楽しくやってこそだ。

20 ～ 24点：ジバラ度70%

実は本 check に示されている課題はかなり難しく、しかも外出慣れや自宅作業慣れしている人でなければ、この点数にも達しないはず。十分だが、no.19 や no.21 のスコアが低めなら改善策を取り入れて、さらにジバラを極めよう！

15 ～ 19点：ジバラ度50%

外出や自宅作業を有意義に進めるには、実は事前準備が一番大事だ。有効なスキルを身につけることも、もちろん事前準備の 1 つ。まずは no.22 を参考に名刺の保管方法をブラッシュアップしてみては？

10 ～ 14点：ジバラ度30%

テレワーク推しの時代の流れの中で、自宅作業は増えるはず。また、直行・直帰の機会も徐々に増えてくるだろう。そうなると、効率化も実はどんどん本人の責任になってくる。将来、ＡＩに仕事を奪われないためにも check4 を熟読して！

4 ～ 9点：ジバラ度0%

自分が時代遅れになりつつあると自覚してほしい。その上で、少しずつできるジバラ・テクを増やしていこう。いきなりすべてを改善するのは難しいので、近々出張があるなら、まずその移動中に 1 つでも効率アップを心がけてみて。

なぜ、こういう判定になるのか、
次ページからの「解答と解説」へ GO!

> ! **解答と解説**

**行動記録はスマホにおまかせ！
スマホ専属秘書化テク 1**

no.**19**　　　　　　　　　　　　　**Ⓐ2点 Ⓑ0点 Ⓒ5点**

> **3週間前の木曜日に何をしていたか、10秒で答えられる？**
>
> Ⓐ 手帳を開いてチェックするので、少し待ってほしい。
> Ⓑ 昨日食べたモノさえ思い出せないのだから、無理。
> Ⓒ 移動経路をチェックすれば、ほぼ完璧に答えられる！

「数日前どころか、数ヶ月前に何をしていたか、即思い出せますよ」と、本書の担当編集者に話したら「それはアリバイの立証に役立ちますね」と感激された。まあ確かに思わぬ疑いをかけられた時には、心強いデータになるだろう。そんなトラブルが、いつ我が身に降りかかるかわからないご時世だし。

それはともかく、このテクは本書の目的であるジバラにとても役立つ。**特に重宝するのが出張などの交通費精算や報告書を後で作る時だ。**また、出社せずに自宅などで働くテレワークの場合には、行動がすべて完璧に報告できるメリットもある。では、どうやって、過去の行動記録を調べればよいだろうか？

Ⓐの「手帳を開いてチェックするので、少し待ってほしい。」というのは、まあ、ギリギリ合格だ。ただ、いまだに紙の手帳を

使っているのはいただけない。紙の手帳はかさばる上に、毎年切り替えるという無意味な作業をしなければならないからだ。2週間前の予定でも、年をまたぐと去年の手帳を見なければならない。

「Google カレンダー」などデジタルな手帳に切り替えれば、年の区切りなど関係なく、いつでも必要な情報を調べられる。

ただ、手帳などに書かれたスケジュールは、〈予定〉であって〈結果〉ではない。予定の間に急きょタスクや移動が入っても普通は手帳に書き込まない。だから、数週間もすれば忘れてしまうのだ。行動の記録ではなく、あくまでアポイントの管理用なのだ。

確かにBの「昨日食べたモノさえ思い出せないのだから、無理。」という気持ちは、よくわかる。僕もそれを思い出すのには少々苦労する。だからといって、**仕事ではあきらめるわけにはいかない。**報告書などは絶対に書かなければならないのだから。

後で思い出せずに苦い思いをしたことのある人は、必死に行動の内容をメモするようになる。だが、「○○から△△に移動した」といった情報をメモに書くのは手間だし、負担が大きい。しかも、**生産性にはまったく寄与しないのだから最悪だ。**

正解はCの「移動経路をチェックすれば、ほぼ完璧に答えられる！」だ。これは、とても簡単で「Google マップ」の「タイムライン」を調べればよい。あなたの移動経路も、実はすでに記録されているはずなので、**まずは興味本位で見てみよう。**

「タイムライン」に移動経路を掲載するには、スマホの「位置情報」がオンなっていて、Google マップでも利用できるように設定されている必要がある。「位置情報」をオンにするとプライバシーが危険だという話もあるが、気になるなら写真への「位

置情報」の付加をやめれば、ほぼ大丈夫だろう。**少なくとも、Google マップに「位置情報」を使わせないほうがナンセンスだ。**

　「位置情報」が利用できれば、Google マップがあなたの移動ルートを、勝手にすべて記録してくれる。日付を指定するだけで、簡単にチェックできるようになるのだ。

　なお、「位置情報」をオンにする方法と「タイムライン」のくわしい使い方は、119 〜 124 ページで紹介する。

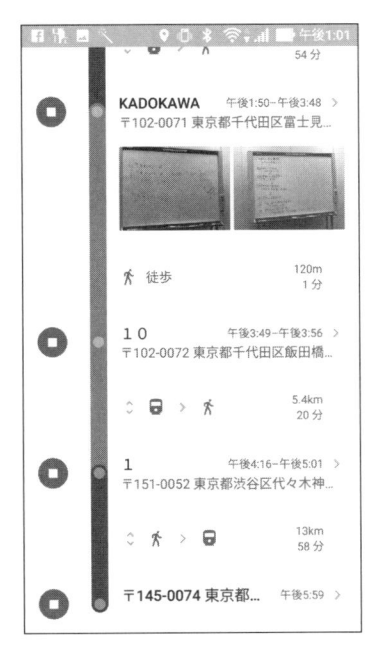

Google マップの「タイムライン」を使うと、移動した情報がくわしくわかる。その場で撮影した写真なども表示される。

あなたの個人秘書です！！

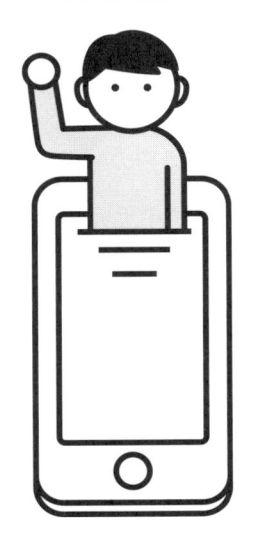

訪問先の管理もスマホにおまかせ！
スマホ専属秘書化テク2

no.20　　　　　　　　　Ⓐ5点 Ⓑ3点 Ⓒ2点

出張での訪問先、出かける前の準備はどうしている？

Ⓐ 専用の地図を作って、しっかり管理している。

Ⓑ 名前や住所をノートアプリにまとめている。

Ⓒ 現地に行ってから調べるのが出張の醍醐味。

　出張先での移動は、かなりのストレスになるものだ。特に土地勘のない初めての訪問先や海外では、どう移動したらよいのか戸惑ってしまいがち。仕事で何ヶ所も訪問したり、せっかくだから美味しいレストランでの食事やちょっとした買い物もしたりしたいと思ったら、効率的な移動がマストになる。あなたはどんな工夫をしているだろうか？　もちろん、こんな方法に長けていると、仕事だけでなく旅行にも便利に使えるのだが。

　Aの「専用の地図を作って、しっかり管理している。」が大正解だ。Google マップを使いこなしている方ならご存じの「マイプレイス」のマップ機能を使うのだ。

　「マイプレイス」のマップ機能では、地図に位置を登録して記録しておける。複数の地図を作って使い分けられるので、地域や出張など、ジャンルごとに作成すればよいだろう。ただし、作成作業はスマホでは今のところできないので、パソコンを利用するのが確実だ。パソコンの Google マップで作成した自分だけの地図は、勝手に同期するので、あなたのスマホでも開いて利用で

きる。

　地図上に情報を記録しておくことで、素晴らしく便利に感じるのが現地での移動だ。そもそも、土地勘のない場所では、方角がよくわからなかったり、ランドマークが見つからなかったりするために、目的地にたどり着けないことも多い。

　<u>**地図上に行き先が登録されていれば、Google マップのルート案内機能で指示されたとおりに歩くだけで到着できる**</u>。つまり、普段は、移動先で検索している行き先を、あらかじめパソコンで登録しておこうというわけだ。

　なお、この「マイプレイス」の使い方は、125 ～ 128 ページでくわしく説明する。

　「名前や住所をノートアプリにまとめている。」というＢも、まあ合格ではある。つまり、移動先のリストだけをあらかじめ作っておくわけだ。行き先を探しやすいので、僕の場合は、海外出張ではＡのマップと両方作成しているケースもある。ただし、さほど重要ではない訪問先は、マップ上だけで管理している。

　ノートアプリで訪問先を見つけた場合でも、それから Google マップを開いて名前か住所などを入れて検索しなければならない。これを土地勘のない移動先でおこなおうと思うと結構面倒だ。しかも、<u>**韓国や中国などでは住所や名称の入力もままならず、必死にコピー＆ペーストすることになる**</u>。だったら、最初から地図に登録しておいたほうが手っ取り早く、当日になってあわてずに済む。

　さらに、地図上に訪問するべき場所が登録されていると、現在位置からどこが近く、どんなルートで訪問するべきか、とてもわかりやすくなる。個別の情報がノートアプリに記載されているよ

りも、はるかに行動しやすいはずだ。

C「現地に行ってから調べるのが出張の醍醐味。」は、一見ムダがないやり方のように見える。確かに、スマホがあれば、何の管理もせずに現地に着いてから地図に行き先を入力して調べてもどうにかなる。普段自分の行動圏内ではそうやって移動しているだろう。

ところが、そもそも土地勘がないエリアでは、うまくいかない場合も多い。例えば、訪問先の会社や店舗が複数あるようなケースでは、どの店に行くべきかがわからなくなって困ることも。

出張は、多額の交通費を使って出かけ、しかも限られた時間の中で効率よく行動しなければならない。勘違いによる行き先のミスだけでも、大きな痛手になりかねない。やはり、慣れていても気を抜くことなく、事前準備をしっかりとしておくのが大前提。出張の時間を大切に使おう。

もちろん、旅行でもせっかく出かけたのだから、時間を有効に使おうではないか。

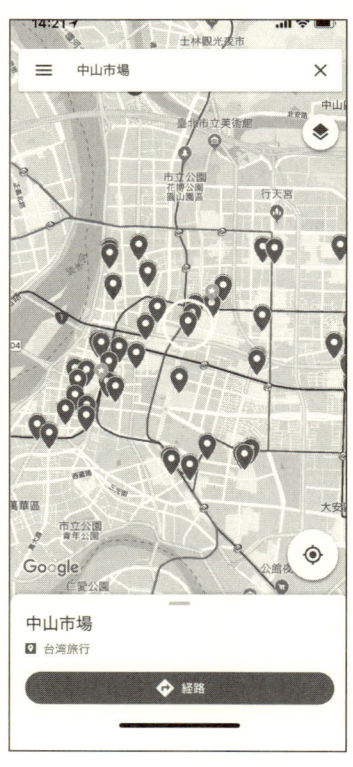

「マイプレイス」では、登録したお店などの情報を Google マップ上に保存できる。現地での移動も簡単だ。

出先での待ち合わせでの
「会えなかった…」を防ぐために

no.**21** **Ⓐ**1点 **Ⓑ**4点 **Ⓒ**5点

外で待ち合わせ。今いる場所を、相手にはどう伝える？

Ⓐ ランドマークを電話などで伝える。

Ⓑ LINEの「位置情報」を送る。

Ⓒ Google マップの「位置情報」を送る。

　外出先での待ち合わせは、かなりのリスクだ。「○○駅××口改札前」といった指定ができれば、まず出会えないことはないだろう。だが、街中での待ち合わせでは、勘違いなどで出会えない可能性も高まる。

　相手が方向音痴だと、いくら頑張って伝えても「わかりません」「どちらに行けばいいでしょうか？」と何度も言われて、時間ばかりが過ぎていく。**そもそも、待ち合わせ場所を正しく伝えているにもかかわらず、相手がうまくたどり着けないと、伝えた側の責任と思われるのだから始末に負えない。〈待ち合わせハラスメント〉とでも言いたくなるほど理不尽だ。**しかも、相手がクライアントだったりすると、大事な商談がふいになる可能性もはらんでいる。

　そんな危険を回避するためにも、外出先同士での待ち合わせの場所をうまく伝えるには、どうすればいいだろうか？

　Ａの必死に「ランドマークを電話などで伝える。」方法だが、まあ普通はこれで出会えるはずだ。だが、相手が方向音痴だと、

107

いくら適切に伝えてもさっぱり通用しない。こんな方法で問題なく会える相手なら、そもそも苦労しないのだ。よって、工夫のないＡは１点だ。

Ｂの「LINE の『位置情報』を送る。」機能はとても素晴らしく、今いる場所を簡単に送信して伝えられる。「位置情報」を受け取った相手は、LINE のメッセージをタップすれば、Google マップで該当位置が開けるので、迷わずたどり着けるだろう。

かなりオススメの伝え方だが、問題はお互いに LINE を使っている必要があることだ。結局、仕事で使うにはかなり厳しい。

そこで、オススメなのがＣ「Google マップの『位置情報』を送る。」ことによって、現在位置を共有する方法だ。 この機能を利用すると、相手と自分のいる場所が共有できるようになる。つまり、場所を指示するのではなく、**地図でお互いの居場所を見ながら移動できるわけだ。** これならランドマークなどがわからなくても問題ない。あなたが相手を探して迎えに行くことも簡単にできる。

Google マップで「位置情報」を共有するためには、連絡先に相手が入っている必要があるが、後は手順どおりに作業すれば難しくない。もし、連絡先に入っていない場合には、メッセージやメール、LINE などでリンクを送る手もある。１度送ってつながってしまえば、指定した時間の間はお互いの位置が Google マップ上に表示されるから、まず会えないことはないはずだ。

この機能は、待ち合わせ以外にも便利に使える。例えば、大きな展示会やイベント会場などでお互いの「位置情報」を共有していれば、お互いのだいたいの居場所はわかるので簡単に出会える

だろう。チームでセールスをしているなら、メンバー全員で「位置情報」を共有して、しめし合わせた先に一緒に飛び込み訪問をしてもよい。

　家族旅行でも、それぞれが好き勝手に移動してもはぐれないのが嬉しい。工夫次第で、さまざまな場面で使えるのでぜひ試してほしい。まずは、実際に使う前に知人とテストをしてみることをオススメする。くわしい使い方は、129 〜 131 ページを参照してほしい。

私の位置は…

わかった！
そっちに行くよ！

現在地の共有機能を使うと、お互いの
位置が地図上でチェックできる。

受付であたふたしない、デキるヤツ

no.22

受付で担当者の部署を聞かれた！　あたふたしてない？

Ⓐ 相手の名刺を持っているので、大丈夫だ。

Ⓑ 人相を伝えるのがうまいので、困らないと思う。

Ⓒ スマホを見れば名刺のデータがあるので、問題ない。

　最近は、企業の受付も変わってきた。そもそも、受付には人が不在で電話で取り次ぐ会社が増えている。

　一方、大きなビルでは、複数の会社が入っていて、大きなひとまとめの受付で取り次ぐ形が増えている。そうした受付では、担当者の名前だけでは相手が特定できないことが多い。受付の人は各企業の個々人など知らないからだ。昔は企業ごとにベテランの受付の方がいて、「工事担当の佐藤さん」「メガネをかけた、恰幅のいい鈴木部長」みたいな伝え方でも問題なかったのだが。

　ということで、受付では肩書きや部署名を聞かれることが多くなっている。また、自分で電話するタイプの受付では、内線番号がわかっていると手っ取り早い。にもかかわらず、相手の正確な肩書きや内線番号などがわからず、あたふたしている人をよく見かける。後ろに人が並んでいると、恥ずかしいことこの上ない。さて、あなたはどんな工夫をしている？

　Aは、「相手の名刺を持っているので、大丈夫だ。」という解答。まあこれは、ジバラ的には合格とは言えない。昔は、名刺入れに大量の名刺を入れて持ち歩いている人もいたし、中には縮小コ

ピーした名刺を持ち歩いて自慢している人も見かけた。だが、時代はデジタルなので、もう古い。ましてや、**システム手帳にアドレスを書き込むなど、ありえないほど面倒で、問答無用で失格だ。**

　Ｂ「人相を伝えるのがうまいので、困らないと思う。」は、相手の人相を完璧に覚えているという力ワザタイプ。こちらもまあ、担当者にたどり着けるとしても、相当恥ずかしい思いをしていることになる。誰が聞いても間違いようがない相手の情報を、把握しておこうではないか。

　Ｃの「スマホを見れば名刺のデータがあるので、問題ない。」が正解だ。ただし、スマホのアドレス帳に会社名などを入力しているのは時代遅れで、作業時間のムダでしかない。

　また、名刺を読み取ってデータを入力してくれる専用のサービスも最近流行しているが、僕は否定的だ。まず、名刺を読み取ってテキストにする意味がよくわからないからだ。

　僕は、「Evernote」に名刺のデータを保存しているのだが、テキスト化しなくても名前や会社名は検索できる。Evernote の有料会員なら勝手にテキストを読み取ってくれている。無料会員でも、名刺の画像にテキストデータを添えて保存できる。**アドレス情報として名刺から入力したデータを見るよりも、できるだけ名刺そのものを見たい。そこには、テキスト化できなかったロゴやマークがプリントされており、それで担当部署がわかるケースもあるからだ。**ちなみに、Evernote の有料会員（月額 600 円）なら、名刺からデータを読み込んで自動でデータ化してくれる。

　何度も書いているが Evernote は有料サービスに加入しないと使いづらいので、費用をかけたくない方は「OneNote」を使う

とよいだろう。OneNote でも「Office Lens」というアプリを使えば名刺をデータ化することができる。

　実作業としては、片っ端から名刺を撮影したり、スキャナーで取り込んだりして Evernote 等で保存しておくだけでOK。これで、名前や会社名で検索できるようにはなる。何千枚でも余裕で持ち歩けるし、テキスト化する手間もかからない。専用ソフトではないので、どんなスマホやパソコンからでも使えるのが便利だ。枚数が多いならスキャナーとの併用がオススメで、例えば展示会で 100 枚の名刺を受け取っても、数分でデータにできるはずだ。

　くわしい操作方法は、132 〜 135 ページで紹介する。

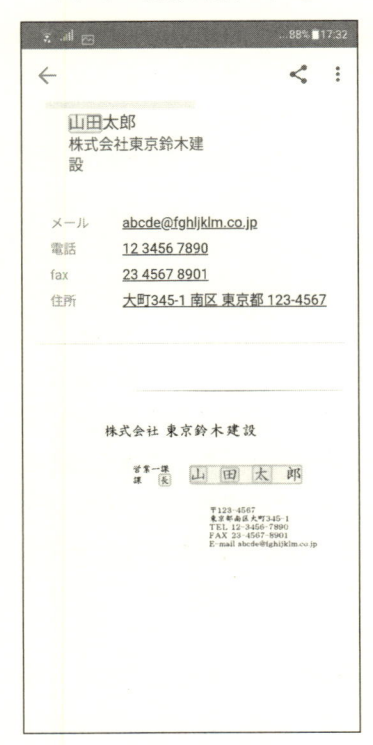

Evernote の有料版で撮影した名刺は、テキストで検索できる。無料版の場合は少々手順がややこしいので、自分で任意のテキストを入力して一緒に保存しておくのがオススメ。

在宅勤務こそ、規律をもって働くべし

no.23 🅐 0点 🅑 5点 🅒 3点

近頃、話題のテレワーク。〈在宅勤務〉の場合には、
どんなことを心がけるべき？

🅐 作業時間を明確にして、会社に報告している。

🅑 1人でも必ず、朝礼をおこなっている。

🅒 会社で作業していた時と同じペースで働くように頑張る。

　企業に勤めていながら自宅や会社以外の場所で仕事をする「テレワーク」が流行のきざしを見せている。まあ確かに、出社しなくてもできる仕事は少なくない。一般的な事務作業は問題なくできるし、プログラミングなどのデスクワークも基本的に対応可能。外回りの営業なども、自宅から直行・直帰するほうが効率的だったりする。僕は編集プロダクションを経営しているが、実は30年ほど前から在宅勤務制度を採用している。

　その長い経験から、在宅勤務のポイントがいくつも見えてきている。さて、どんなことを大切にするべきだろうか。

　「作業時間を明確にして、会社に報告している。」というAは、作業性の向上とはあまり関係がない。これは、会社による決まりというだけだ。特にデスクワークでは、作業時間が明確になるように専用のソフトを組み込むなど、すでにさまざまな工夫がなされていることも多い。

　確かに自宅では何をしているかわからないのだから、管理するのは当然とも言える。会社から、仕事に着手した時間・終了時間・

勤務時間などを報告するように言われているなら、それは決まりなので報告するべきであり、それは社員としての義務だ。

　僕の会社では、勤務時間はまったく関係ない成果主義をとっている。せっかく自宅で仕事をするのだから、〆切までに必要な作業量をこなせば OK。丸1日寝ないで仕事をして、2日間休んで旅行に出かけても問題ない、というスタンスだ。

　正解はBの「1人でも必ず、朝礼をおこなっている。」だ。毎朝、5分程度の朝礼を必ずおこなうとよい。やることは、次の4つだ。

❶前日作業の目標が達成できたか確認。
❷前日までのタスクで良かったことと、反省点を確認・考察。
❸本日の予定やタスク内容の確認。
❹本日の達成目標を立てる。

　在宅勤務では一緒に仕事をしている人は原則誰もいないので、上記の確認事項を実際に声に出す必要はない。❸のその日やることを朝確認するのはとても重要かつベーシックな作業なので、いまさら説明は不要だろう。重要なのは、前日の作業を振り返り、目標が達成できたなら良かったと思うこと。また達成できなかったら反省し、その理由を探ること。つまり、❶❷がキモだ。**これを繰り返すことで、自分の作業時間の見積もりが完璧に把握できるようになり、作業量や時間の見込み違いを防げるようにもなる。**
　続いて、❹の本日の目標設定だ。これは単に「書類を○ページ作成する」「商談を3件実施する」といった、やるべきタスクだけを指すものではない。あいた時間にその書類作成の効率化について調べてみたり、商談なら相手のニーズを3つ聞き出すように

したりする——など、スキルアップにつながることを付加していくべきなのだ。「昨日まで1時間かかっていた書類作成を50分で終わらせるように頑張る」など、具体的な目標を設定するのでもかまわない。

ちなみに、朝をオススメする理由は、このとりまとめと実作業との時間が近いからだ。前日の夜だと朝になって忘れてしまうことが多いし、食事や飲み会などで、夜は時間が取れないケースが多い。**仕事を始める前の時間を必ず「朝礼」に当てるのがジバラのコツだ。**

Cの「会社で作業していた時と同じペースで働くように頑張る。」というのは、とても単純な解答かつ当たり前の内容なのだが、これも意外に重要だ。

僕の会社では、新入社員は早くて半年程度の研修後に自宅で勤務するようになる。一定のスキルを身につけてからでないと自宅では勤務できないし、個人差が大きくなるからだ。見極め基準となるのは、月間の作業量だ。主に原稿執筆や編集が作業内容なのだが、こなしたタスクが一定量に達していれば在宅勤務許可、というシステムにしている。

ただ、長期間の研修で確実に大丈夫だと判断したにもかかわらず、在宅勤務になった途端に破綻する人もいて悲しくなる。〈うっかり忘れ〉が増え、〆切も守れなくなってくるのだ。

これは自宅で気がゆるんだり、会社にいた時と違う作業の進め方をしているからだ。家族と会話しながら作業したり、テレビがつけっぱなしだったり、趣味のアイテムなどが近くにあったりする状態では、効率良く作業できない。**誘惑を断ち切り、自分を律するためにも、会社にいた時と同じように働くことを目指そう。**

‖「電話ウザッ」と思っているあなたへ

> 在宅勤務中、電話が鳴りっぱなしで、作業がはかどらない。
> どう対処する？

Ⓐ 留守電にしておき、後でまとめて対応する。

Ⓑ 電話にほとんど出ないようにして、
　次第にかかってこなくなるようにしていく。

Ⓒ 大事なコミュニケーション手段なので、ウェルカム！

　実際に自宅で作業をしてみると、いろいろなことが起こり始めるものだ。特に困るのがコミュニケーションの量が増えること。**基本的には1人仕事になるので、コミュニケーションは減るように思うかもしれないが、実は総量が増えていく。**

　会社にいる時には、手が離せない時の電話の取り次ぎは他のメンバーがしてくれることが多い。離席時には着電のメモを残してくれることも。だが、1人だとすべて自分で対応しなければならない。留守電を聞いて、対応する必要が出てくるのだ。

　さらに、ちょっとしたタスクや問い合わせについてであっても、あなたが忙しいか否かに関係なく電話がかかってくるだろう。会社にいれば、同僚はあなたが忙しくしているか、もしくは商談中かなどは見ているだけでわかる。だから、忙しそうなら声をかけてこない。ところが、**在宅勤務だと相手にはあなたの姿は見えない。**どれほど忙しくしていても、おかまいなしに電話が鳴る。目の前にいないから、相手はちょっとした質問でも電話をかけたくなる。さて、どうすればよいだろう？

　Ａの「留守電にしておき、後でまとめて対応する。」というのは、とても面倒なことだ。１〜２件なら問題ないが、留守電が５件、10件と入るようになると、それを聞いてメモを書くだけでも負担になる。僕は、なるべく留守電にはせずに、かかってきた電話にはその場で対応するように心がけている。だが、件数が増えてくると、１日がほぼ電話対応で終わってしまう。

　正解はＢ「電話にほとんど出ないようにして、次第にかかってこなくなるようにしていく。」で、電話に出ないことで、電話をかけてこないよう相手に周知徹底させていくのがオススメだ。正確に言うなら、電話が鳴らないようにしてしまうのである。

　僕は会社のメンバーとは、メールとビジネスチャットで連絡ができるようにしている。電話をするよりチャットのほうが早いとわかれば、みんながチャットを使うようになる。それがお互いに効率が良いとわかるからどんどんそうなるのだ。

　両方を使うのは、顧客との連絡がまだメール中心だからだ。外部とのやりとりはチャットだけでは無理がある。とは言え、まだ使っていない方も多いと思うが、チャットはいち早く導入するべきだと僕は思っている。

　取引先には、僕の場合はno.4でも触れたが、「電話には出ないことが多いので、なるべく要件はメールで下さい」とお願いしておく。これで電話はかなり減るのだが、相手にもこれが快適だと思ってもらうには、**自分自身の努力も必要だ。メールの着信があったら、速攻で返事をする。どんなに忙しくても、１時間に５分はメール対応の時間を作る。**もちろんこれは目安だが、長くても２〜３時間で返事をするようにする。ため込まないほうが自分も楽だし、トラブルなどが発生しても対応しやすいからだ。

相手も、電話よりメールのほうが返事が早いとなれば、自然にメールでのやりとりが電話に勝るように感じてもらえる。若者達が、電話よりも LINE を多く使うのと同じことだ。

　Cの「大事なコミュニケーション手段なので、ウェルカム！」というのにも、実は賛成だ。**人と顔を合わせない在宅勤務だからこそ、会話も大事だ。**特に同じ会社のメンバーとは、ある程度、電話で話をしたほうがよい。

　ただし、そこには明確な基準を設けよう。電話による説明があったほうがわかりやすい情報は、もちろん電話をする。また、おわびやお願いも、できるだけ電話で対応するようにしていく。さらに、相手の具合が悪そうだったり、旅行に出かけて戻ってきたばかりだったりといったケースでは、「体調は、どう？」「旅はどうだった？」などと、仕事には直接関係ないことを電話で話すなどする。

　もちろん、お互いの様子がわからないので、急ぎではない内容は「電話下さい」とか「何時頃なら電話に出られますか？」とか、あらかじめチャットで確認する。ちょっと面倒に思うかもしれないが、慣れれば心の負担もほとんどない。

　一言二言ですむようなやりとりを、電話でするのが最悪なのだ。電話は、相手の作業状況がわからない中で、相手の時間を奪うモノだと僕は考える。10 分間電話をしたなら、2 人で合計 20 分の作業時間が失われる。チャットなら同じ内容を 1 〜 2 分で処理できる。しかも、会話と違って、言い違いや聞き逃しがないのでオススメだ。

🔧 ツール解説

→ no.19 「位置情報」をオンにするやり方

　Google マップの「タイムライン」機能を使うには、スマホの「位置情報」をオンにし、Google マップでも使えるように設定しておく必要がある。

・Android

　機種やOSのバージョンによっても操作は異なるが、まず「位置情報」自体をオンにする。続いて、Google マップでも使えるようにする。どちらもオンになっていれば、設定を変更する必要はない。

「設定」メニューの「位置情報」を
オンにする（画面の上部）。

119

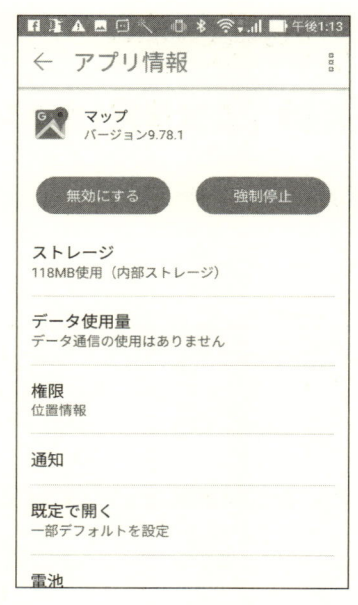

「設定」メニューの「アプリ」から「マップ」を選び（機種によっては「アプリ情報」などとなっているケースもある）、タップする。

画面が開くので、「権限」（画面中央）をタップする。

「位置情報」（画面中央）をオンにすれば、
設定完了だ。

これで、よしっと！

・iPhone

iPhone では機種による差は原則的にないが、OS のバージョンで多少画面に違いがある。

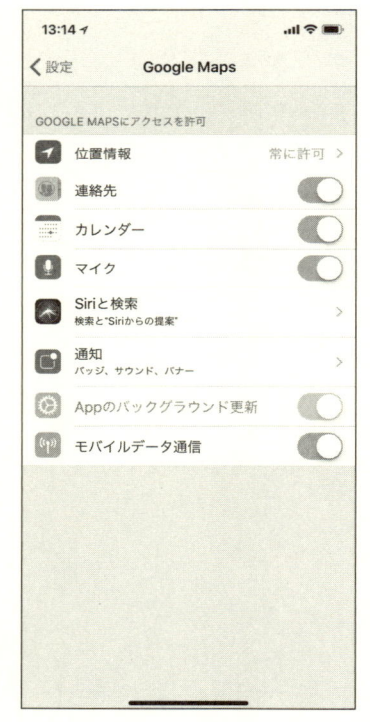

「設定」の「プライバシー」で「位置情報サービス」をタップしてオンにする。

「設定」をずっとスクロールしていくとアプリの一覧があるので、そこで「Google Maps」をタップして、「位置情報」をオンにすれば設定完了だ。

⊕MORE! Googleマップ「タイムライン」の使い方

　使い方はとても簡単なので、一度手順を理解すれば問題なく利用できるはずだ。ここでは、Android での使い方を説明するが、iPhone でもほぼ同じ手順で利用可能。また、パソコンの Google マップでも同じアカウントでサインインしていれば、同じデータが見られる。

Google マップを開いたら、左上の3本線の「メニュー」をタップする。この画面が開いたら「タイムライン」をタップする。

「タイムライン」が表示されたら、右上の「カレンダーマーク」をタップして、表示したい日付を選ぶ。

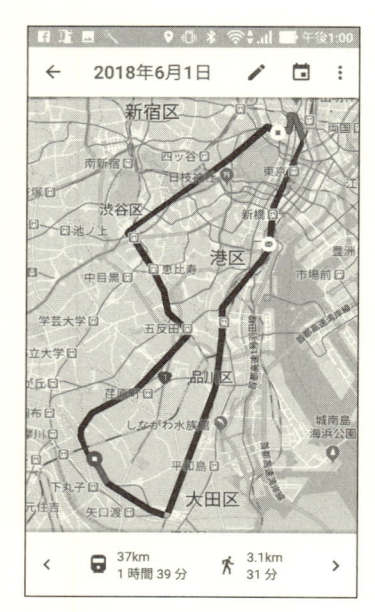

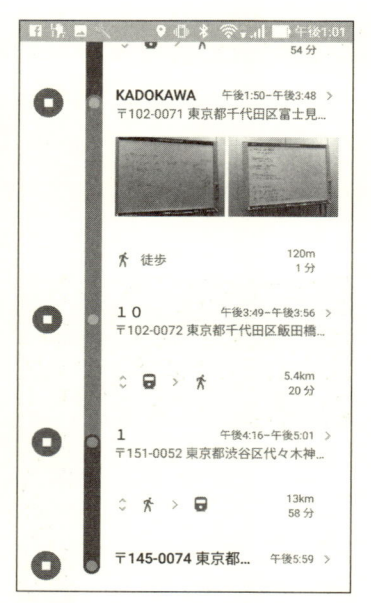

このように、移動ルートが表示される。

地図の下をタップすると移動情報がテキストで表示でき、その場所で撮影した写真なども合わせて表示してくれる。

→ no.20 Googleマップ「マイプレイス」の使い方

「マイプレイス」に場所を登録するには、パソコンのウェブブラウザーで作業するのがベストだ。

　作成した地図は、自動で iPhone・Android・各種タブレットで表示できる。同じアカウントでログインさえしていれば、デバイスを問わず表示できるわけだ。出張先でもスマホさえ見れば、すでに行き先が登録されているので重宝する。なお、地図自体の使い方は、Google マップと同じだ。出張先では、登録したスポットをタップして道案内をしてもらえばよい。

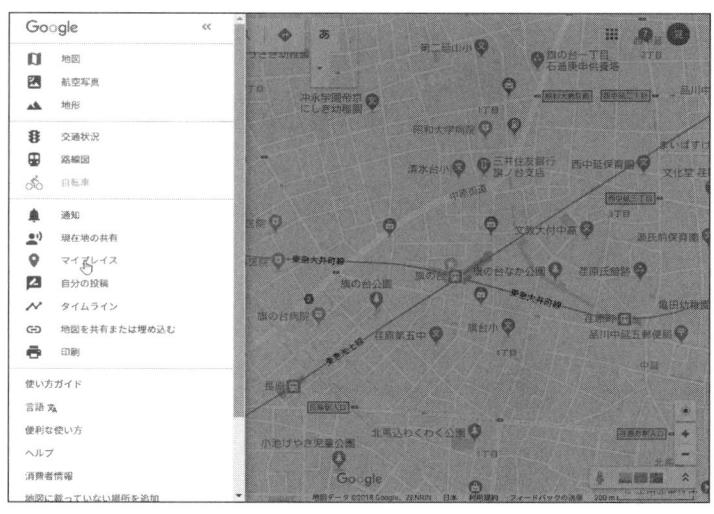

パソコンのウェブブラウザーで Google マップを開く。「Google マップ」で検索すれば、スグに開けるはずだ。その上で、Google のアカウントでログインをすれば準備完了。左上の３本線の「メニュー」から「マイプレイス」をクリックする。

「マイマップ」の下にある「地図を作成」をクリックする。この画面ではすでに作成済みの地図が並んでいる。

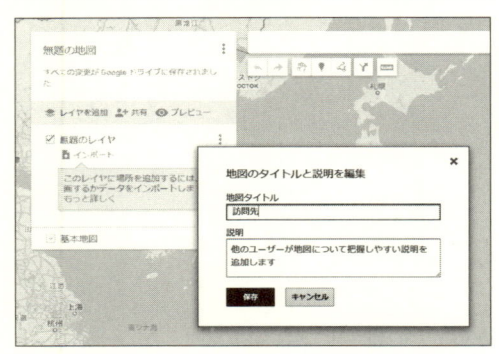

地図が開いたら、画面左の「無題の地図」（この画面では薄くて見づらいが）をクリックし、地図のタイトルを入力する。

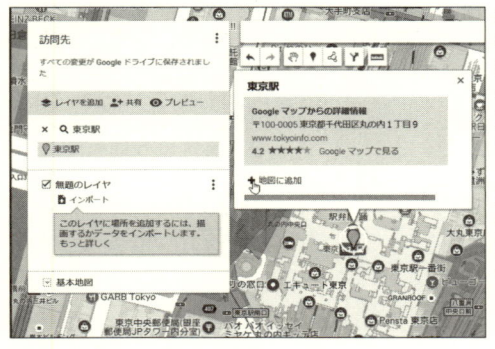

地図に名前がついたら、右隣の検索ボックスに、行き先を入力して検索する。この画面は検索後だ。行き先が表示されたら「＋地図に追加」をクリックする。これで登録は完了。行き先ごとにこの作業を繰り返せば複数登録できる。最後にブラウザーのタブを閉じる。

スマホでも、Google マップを開いて、同じアカウントでログインする。

作成した地図（今回は「訪問先」）があるはずなので、タップして開く。

登録した場所が表示された。

そっち、向かってますんで！

→no.21 Googleマップ「現在地の共有」の使い方

　この機能は、こちらからリクエストを送って、相手が許諾するとお互いの場所が地図上に表示されるようになる、というもの。普段は自分のマークだけが表示される Google マップに相手のマークも出てくる。もちろん、相互に移動すればマークも動く。

・自分の作業

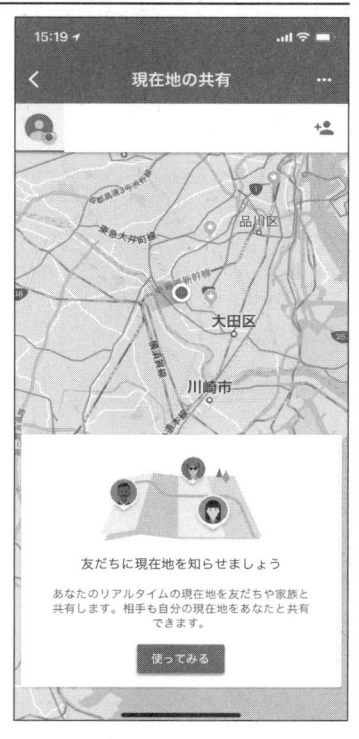

Google マップで左上の3本線の「メニュー」をタップして、「現在地の共有」をタップする。

この画面が開いたら「使ってみる」をタップする。

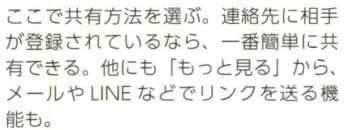

ここで共有方法を選ぶ。連絡先に相手が登録されているなら、一番簡単に共有できる。他にも「もっと見る」から、メールや LINE などでリンクを送る機能も。

共有する相手をタップして選ぶ。

この画面が表示されたら、右下の「有効にする」をタップする。

・相手側の作業

メールなどで通知が届いたらタップして開いてもらい、リンクをタップしてもらうと Google マップが開く。すると、相手の名前のピンが地図上に表示されるので、タップして画面下の「共有ボタン」をオンにすると、お互いの位置が見えるようになる。

→no.22 名刺をデータで保存する方法

　基本的には、スマホやタブレット等のカメラで撮影するだけでいい Evernote がオススメだが、有料サービスでなければ名刺を自動でデータ化はできない。ただし、無料版でも、名刺の画像に任意のテキストデータを自分で登録して一緒に保存しておけば、その文字列で検索できるようになる。画面は有料プランで利用している時のもの。

　また、ここでは OneNote の使い方も説明しておく。

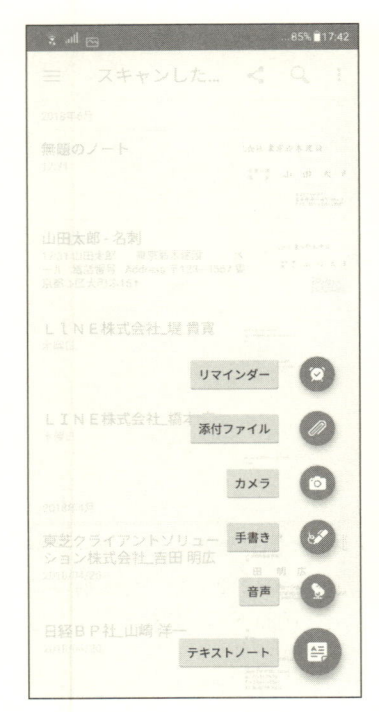

Evernote のアプリ（画面は Android のものだが、iPhone でもほぼ同様）で画面右下の「+」をタップして「新規ノート」を追加。その後、「カメラ」をタップする。

名刺を濃い色の机の上など、名刺の色とのコントラストがはっきりしているところにおいて、カメラを向ける。認識すると自動で撮影できる。

撮影が終わると、自動でテキストを認識して、データも入力してくれる。有料サービスなら、名刺を連絡先ノートに変換してくれる。

検索すると、画像データもヒットしていることがわかるだろう。

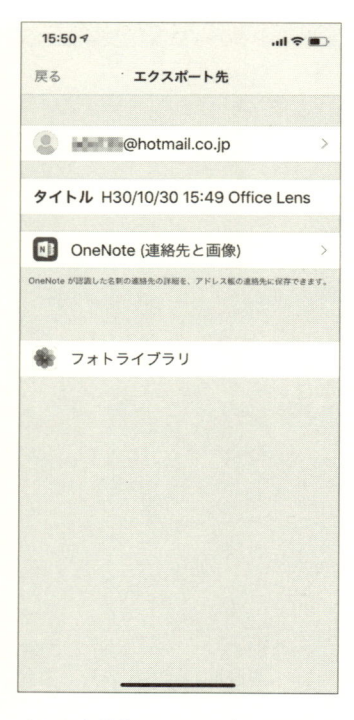

OneNote を利用するなら、「Office Lens」を起動して、画面下部で「名刺」を選んで名刺を撮影する（残念ながら縦書きの名刺には非対応の模様だ）。

すると自動的にエクスポート先（保存先）としてOneNoteが表示される。

OneNote の「contacts」というノートにデータ化されたテキストと名刺の画像が保存される。なお、機種によっては、カメラの解像度を上げることで文字の認識率が上がることがある。これらのデータは、必要なら他のノートブックなどに移動もできる。

**名刺もスマホで
スマート管理の時代！**

ジバラ度check 5
メール・SNS利用の
効率化を図る編

? 設問コーナー

次の各問いに対して、自分の対応に最も近いものをそれぞれ選択肢
A〜Cの中から選び、右下解答欄上段に記号、下段に点数を記入せよ。

no.25

どうしても返事が必要なメールなのに、返信が来ない。
さて、どうする?

Ⓐ 読んだかどうか、確認メールを入れる。
Ⓑ メールに一言添えておき、電話する。
Ⓒ 開封確認メールを送るから読んだことがわかるので、後はナリユキ。

Ⓐ**2**点 Ⓑ**5**点 Ⓒ**0**点

no.26

お客様に送ったメールの顧客名に、誤字発見!
どうしたらいい?

Ⓐ すぐさま、おわびのメールを送る。
Ⓑ 送信直後に気づいたら、送信を取り消す。
Ⓒ ばっくれといて、次の機会に笑って許してもらう。

Ⓐ**2**点 Ⓑ**5**点 Ⓒ**0**点

no.27

5年前に送ったメールを、すぐに見つけられる?

Ⓐ 検索すれば、問題なく見つかる。
Ⓑ 官庁の書類だってスグ破棄しているんだから、個人で
メールなんて保存しない。
Ⓒ 転職したので、見つけられない。

Ⓐ**5**点 Ⓑ**0**点 Ⓒ**2**点

no.**28**

メールやSNSのやりとりがズルズル続いてしまうことって、ない?

Ⓐ ズルズルしてしまうが、気にせず続けている。
Ⓑ うまく断ち切る文言を用意している。
Ⓒ そんな……。こちらから断ち切るのは失礼だよ!

Ⓐ**2**点 Ⓑ**4**点 Ⓒ**1**点

no.**29**

イベントの幹事役が回ってきそう。
出欠調整が面倒だが、受けるべきか、受けざるべきか?

Ⓐ 専用ツールを使っているので、引き受けても余裕だ。
Ⓑ LINEを駆使して、何とか頑張ればできる……はず。
Ⓒ 負担が大きいので、家族を病気ということにしてでも逃げる。

Ⓐ**5**点 Ⓑ**2**点 Ⓒ**0**点

no.**30**

お客様との電話を切った途端、よくある「何だっけ?」
── どうフォローする?

Ⓐ もう一度、電話をかけて確認する。
Ⓑ 「電話の内容のご確認」という形でメールを送って、
　 バレないように確認する。
Ⓒ 電話を録音しているから問題なし!

Ⓐ**0**点 Ⓑ**3**点 Ⓒ**5**点

no.25〜30までの点数の合計点を計算して、「合計」欄に記入する。

	25	26	27	28	29	30	合計
解答欄	点	点	点	点	点	点	点

さあ、あなたの〈ジバラ度〉の判定は? ➡

判定！ あなたのジバラ度は……

25点以上：ジバラ度100%

あなたはすでに Slack などを使いこなして、最先端を行っているはず。ただし、メールや電話での非効率なやりとりも受け入れる、太っ腹なところも見せよう。

20〜24点：ジバラ度70%

メールでの商談に自信があるあなた。いいことだが、交渉相手の歳や性格を考慮しないと、実際に足を運んでお願いするような古いやり方のライバルに足元をすくわれることも。相手の気持ちを考えたコミュニケーションも重要だ。

15〜19点：ジバラ度50%

ひょっとして SNS を使いこなしている若手から「連絡も意思疎通もチョットね」と疎んじられてはいないか？　多少強引でも、どんどん最新のやりとりに加わるべき。とは言え、なるべく文面は簡潔に。「ウザい」と思われないようホドホドに。

10〜14点：ジバラ度30%

何も考えずにいつもと同じようなメールを書き、やりすごしてはいないか？　ビジネスチャット等があっという間に普及してきているので、気づいた時には生き残りレースで周回遅れかも。ビジネスパーソン失格になる前に目を覚まして！

1〜9点　ジバラ度0%

メールは苦手、SNS もほとんど使ってないあなたは、若手から陰で〈化石さん〉って呼ばれているかも？　ジバラ度を上げて、進化する存在への復帰を目指そう！

なぜ、こういう判定になるのか、
次ページからの「解答と解説」へ GO!

！解答と解説

メールの返事が来ない
──そんなイラつきを解消する

no.**25** **Ⓐ**2点 **Ⓑ**5点 **Ⓒ**0点

どうしても返事が必要なメールなのに、返信が来ない。
さて、どうする？

Ⓐ 読んだかどうか、確認メールを入れる。

Ⓑ メールに一言添えておき、電話する。

Ⓒ 開封確認メールを送るから読んだことがわかるので、
後はナリユキ。

　ジバラ的なスタンスでは、コミュニケーションを細かくとりた
い相手にはチャット、もう少し密度が低い相手にはメールを使う
と考えてほしい。

　つまり、メールもまだまだ重要な役目を担っているわけだ。特
に取引先とはメールでのやりとりが多くなる。見積書を送った後
の意思決定などもメールで問い合わせることが多いはずだ。

　しかし、相手が読んでいるかどうかがわからないことが、メー
ルの欠点の１つだ。

　**メールをうまく使うには、実は自分が〈相手の立場〉になって
考えてみる必要がある。**僕は、重要なメールを受け取ったら、必
ず「ご連絡ありがとうございます。これから拝見し、明日にはお
返事いたします」といった返信を必ずおこなっている。ちょっと

面倒なのだが、相手の気持ちを考えれば必ず送るべきだと思うのだ。

　さて、大急ぎの重要なメールを送ったのに返事がない。相手が見落としているのか、見ているけど悩んでいるのかは、当然わからない。こんなケースはとても多いわけだが、さて、あなたはどうしているだろう？

　しかたなく、「○日にメールをお送りしていますが、いかがでしょうか……」的な「読んだかどうか、確認メールを入れる。」というＡは、現実的には一番おこなわれていることだろう。まあ、〈現実あるある〉で、妥協の２点を進呈する。こんなメールを後送した場合、相手の何割かは「今、考えているところなのに……」と思うだろう。また、相手が見落としていたとしても「申し訳ありません。急いでお返事します」というメールを返信してくるはず。つまり、**相手にわびさせてしまうのだ。これは、いただけない。**

　Ｂの「メールに一言添えておき、電話する。」が正解で、重要な案件は電話と組み合わせるのだ。no.4 でちらっと触れたが、重要なメールには、文末あたりに最初から「万一、不着ですと申し訳ございませんので、ご確認のお電話を明日○時頃いたします」と書いておく。これで相手は、届いていれば十中八九、連絡のメールを返してくれるはずだ。逆に連絡が来ない場合は見落としの可能性が高くなる。

　催促をメールでなく電話ですると、相手が謝るにしても負担が少ないことが多い。メールだと「申し訳ございません、見落としておりましたので……」と書くことになるが、電話口なら「すみ

ません、見落としていました！ スグに確認します」といった簡単なおわびで済むだろう。**電話をかけて相手が怒ったとしたら、それはあなたの言い方の問題だ。**

　返事がなくてイライラし始めると、いつ確認をするべきか、メールを送った側が判断に困ることになる。翌日では早すぎると思うし、４〜５日後では遅すぎて、その後の検討の時間が少なくなるのではないか……などと考えてしまう。メールに確認の一言を加えておくことで、すべて解決するはずだ。

　こうして電話した後も返事をくれない相手には**正式にクレームを入れるしかないだろう。ただし、自分は感情的になることなく、慇懃無礼にならない程度に淡々と要件を伝えるのがコツだ。**

　最悪なのが、C「開封確認メールを送るから読んだことはわかるので、後はナリユキ。」だ。「開封確認メール」とは、相手が開いた時点で開いたことを知らせるメールが送信者に届く仕組みだ。このメールを送ると、開封確認のメールを送る、というオプションが相手に表示される。とても強制される印象が否めないのでオススメしない。だいたい、相手が読んだことだけ確認して後は放っておくなんて、ゲタをあずけすぎにもホドがある。

　最近は、開封確認メールを送る人がかなり減っている。旅行の予約など特別な案件でさえ、だ。**気軽に開封確認メールを送るのは、失礼にあたることも多いのでやめておきたい。**ちなみに、Gmail では、個人で利用している場合、確認開封オプションを付加することはできなくなっている。

　また、メールには重要度をつけることもできるが、これもあまりオススメしない。いつも重要度高の「！」をつけて送ってくる人は、偉そうに思われてしまうこともあるのでご注意を。

メールで墓穴を掘る前にやっておくべきこと

no.26　　　　　　　　　　　　　Ⓐ2点　Ⓑ5点　Ⓒ0点

お客様に送ったメールの顧客名に、誤字発見！
どうしたらいい？

Ⓐ すぐさま、おわびのメールを送る。
Ⓑ 送信直後に気づいたら、送信を取り消す。
Ⓒ ばっくれといて、次の機会に笑って許してもらう。

メールでは、どうしても誤字・脱字が発生してしまうものだ。極力ケアレスミスを防ぎたいなら、送信前に2度3度と確認をするしかない。とは言え、そこまですると時間がかかりすぎて、ジバラ的ではない。

また、出先でスマホを使って入力すると、パソコンと比べてさらにミスが多くなりがちだ。会社に帰ってからパソコンでしっかりと返信をするのもよいだろうが、早く返事をするべきメールも多いものだ。

さて、あなたは送信後のメールに誤字・脱字を見つけたら、どう対処しているだろうか？

「すぐさま、おわびのメールを送る。」Aは、まあ合格だ。**おわびは早いほうがいいからだ。**気づいた時点でていねいにわびることだ。相手から返信メールが届いて、そこに相手の名前が誤字で引用されていることに気づくこともあるだろう。その際も、必ず気づいた時点で、おわびすること。「以前のメールでお名前に間違いがございましたことを、深くおわび申し上げます」と一言添

えればよい。

　Bの「送信直後に気づいたら、送信を取り消す。」が一番望ましい。メールを送信した直後にサッと読み返して、誤字・脱字があったら送信を取り消すのだ。

　とは言え、一般的なメールソフトには送信取り消し機能はないので、すぐさま送信しないように設定しておこう。**新規メールや返信メールを入力して「送信ボタン」を押しても実際にはまだ送信されない仕組みを利用するのだ。**送信するには「送信ボタン」を押して「送信トレイ」に入れた後で、「送受信ボタン」を押すように設定しておく。これで、スグに送るのを防げる。144ページで、設定を簡単に説明しておくので、Outlookを使っているなら、確認しておくとよいだろう。

　Gmailをブラウザーで利用しているなら、送信直後なら取り消しが可能だ。実はこれが一番望ましい。こちらの設定方法は、157ページでくわしく説明する。

　最悪なのがC「ばっくれといて、次の機会に笑って許してもらう。」だ。誤字・脱字がやむをえないのは相手にもわかるし、本質的なミスでもない。だが、気づいたなら無視してはいけない。もっとも、これは、**相手の名前や商品名などについての場合だ。このような誤字・脱字は一番失礼なので見落とし厳禁。**また、文意に関わるような誤字・脱字なら、きちんとすぐに訂正するべきだ。

　逆に失礼のない誤字・脱字なら無視してもいいだろう。例えば、句読点を二度つけてしまったとか、「よろしくお願いたします」（一読、どこが間違いかわかるだろうか？　「い」が足りない

のだ）とかレベルの誤字なら、無視してやりとりを続けるほうが好ましい。

　まあ、誤字・脱字は多くがケアレスミスとして許してもらえることが多い。でももちろん、書類等の誤字・脱字はできるだけ防ぎたいもの。有効な方法は check7 の no.37 と 208 ～ 210 ページで紹介する。

　余談だが、「怒り」や相手を嫌っている印象が伝わるメールだけは、絶対に送らないほうがよい。 メールは何度も見返せるので、相手の印象から消えづらいからだ。怒りや悲しみを伝えたいなら、電話や面談にしよう。そのほうが、後で水に流してもらえる可能性が高く、〈うまくやれる〉からだ。

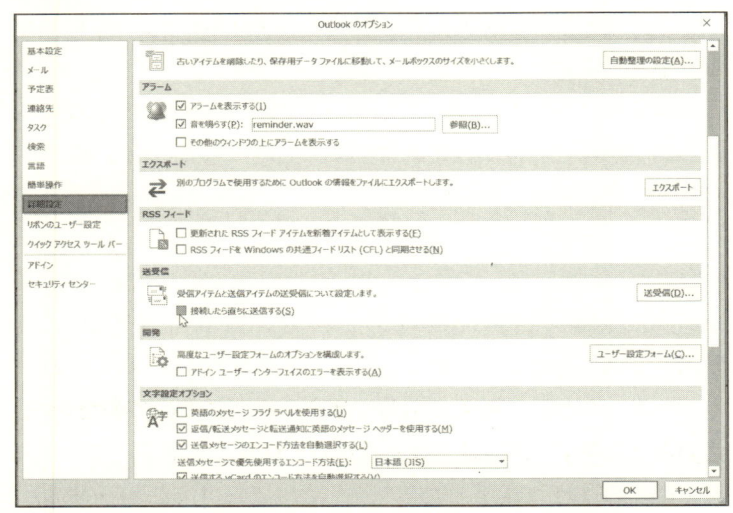

Outlook 2016 では、標準でメールはスグに送られないようになっている。
古いバージョンを含め、「ファイル」→「オプション」→「詳細設定」→「送受信」で「接続したら直ちに送信する」のチェックを外しておくとよい。

過去のメールは、原則
すべて保存しておくのが自分のためだ

no.27　　　　　　　　　　**Ⓐ5点 Ⓑ0点 Ⓒ2点**

> **5年前に送ったメールを、すぐに見つけられる？**

Ⓐ 検索すれば、問題なく見つかる。

Ⓑ 官庁の書類だってスグ破棄しているんだから、個人で
　　メールなんて保存しない。

Ⓒ 転職したので、見つけられない。

　メールの送受信履歴は徹底して保存しておきたい。何かトラブルがあった時に過去のやりとりを確認できるし（水かけ論を防ぐには、〈記憶より記録〉だ）、仕事の発注先として、昔連絡を取った人を思い出してもスグに見つけられる。久しぶりに会う顧客とのかつてのやりとりを見返して、前はどんな要件で会談したか思い出せる。また、数年前に購入した機器の保証期間を確認するなど、**メールの履歴が全部残っていれば、仕事の記録としては大変に心強いものとなる。**

　ところが、パソコンのハードディスクに記録しておく従来のやり方だと、どうにも無理がある。ハードディスクなどの容量が不足してくるし、履歴が多くなると重くて読み込みさえ大変になってくるからだ。また、パソコンを換えた際にメールの履歴を引き継ぐのは大変なので、数年に1回の割合で失っている人も多い。

　さて、あなたは5年前のメールをすぐ見つけられるだろうか？

　A「検索すれば、問題なく見つかる。」がベストな解答だ。では、

どうやって保存しておけばよいだろうか。5年間パソコンを買い換えていないから問題ない——という方は、とても怖い。HDD等の記録媒体にも寿命はある。また、買い換える際には、どうするつもりだろう？　ファイルを転送して新しいパソコンに引き継ぐことも、まあ可能ではある。だがさらに年を重ねていくと、容量が不足していくことは目に見えている。また、複数のパソコンを使っている場合、デスクトップやA4ノートに全部記録している場合、モバイル用の小型ノートでは履歴が利用しにくいという課題もある。

　そこでオススメなのが、Gmail にすべてのメールを保存する方法だ。実は Gmail 以外のアドレスのメールでも、Gmail に履歴を保存することができるのだ。

　ただし、あまりにも量が増えてくると容量が不足する。なにしろ、無料で使える容量は現在 15GB しかない。僕は有料契約をしてしのいでいる。1TB まで容量を増やしても年間払いで1万3000円だ。年間1万3000円で、ほぼ永久にメールを保存できるなら妥当だと僕は思っている。すでに、10年分のメールがたまっているが、消費している容量は 150GB にも満たないからだ。

　B「官庁の書類だってスグ破棄しているんだから、個人でメールなんて保存しない。」は失格だ。「古いメールは見られない」と割り切っている人は少なくないし、中には1年程度でメールを捨てている人もいる。だが、**メールは紙の資料とは違って、大量に保存しても置き場所を取るわけではない。絶対に保存しておくべきだ。**僕はそれで何度も窮地を乗り切ってきた。

　Cの「転職したので、見つけられない。」というのも、かなり

困る。企業によってポリシーが異なるので、まずは、(転職時に
メールを後任に引き継いで渡すのは当然として) 自分でそのバッ
クアップを持っていられるかどうかの決まりごとを確認しておき
たい。問題ないなら、すべてのメールを Gmail に保存しておく
ことをオススメする。

前の仕事ってどんな条件だったっけ…

こんなことにならないように…

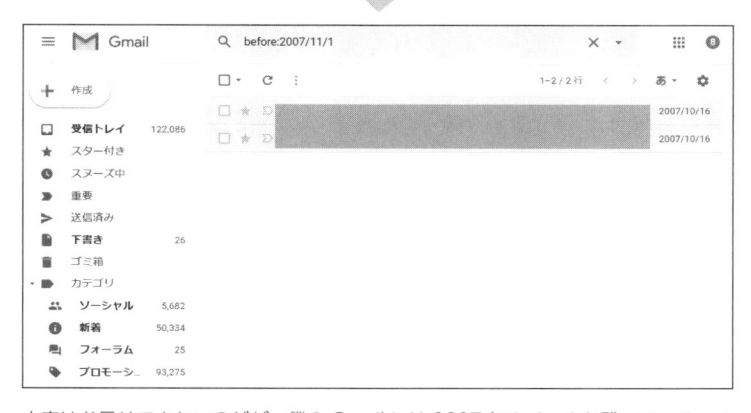

内容はお見せできないのだが、僕の Gmail には 2007 年のメールも残っている。こ
れ以降のメールはすべてクラウドに保存されているので、どのデバイスからでも検
索して確認できる。

> メールやSNSのやりとりが
> ズルズル続いてしまうことって、ない?

Ⓐ ズルズルしてしまうが、気にせず続けている。

Ⓑ うまく断ち切る文言を用意している。

Ⓒ そんな……。こちらから断ち切るのは失礼だよ!

仕事だけでなくプライベートでも、メールや SNS のやりとりがついつい長くなりがちな方がいる。とても優しくてていねいな方なのだろう。相手からの返信で終わらせるのが悪い気がして、キャッチボールの回数が多くなりがちなのだ。短時間で複数回のやりとりをしているのなら、まあまだ被害は少ない。だが、どちらかの返事が遅いのにやりとりの回数が増えていくと、時間ばかりがかかってしまい、始末に負えなくなる。

仕事のメールや SNS は、必要最低限の回数で断ち切るべきだ。まあ、SNS のやりとりをセールスツールと捉え、取り引きに対して少しでもプラスにしよう——などと考えているなら、やりとりが長くてもしかたがない。だが、**一般的には長すぎるやりとりは非効率だし、相手の時間も奪っていることに気づくべきだ。**

Aの「ズルズルしてしまうが、気にせず続けている。」という人は、実はそれほど悪くない。とにかくメールや SNS の返事が早い人がこのタイプ。やりとりが多少増えても苦にならないので、どんどん返してしまう。相手も同じタイプだと長大なやりとりが

続くが、実は大して時間がかかっていないことが多いものだ。

　ただ、ジバラ的な正解は、**「うまく断ち切る文言を用意している。」というBだ。**長すぎるやりとりは相手の負担にもなるので、手頃なタイミングで断ち切るほうがいい。

　では、メールを断ち切るにはどんな方法があるだろうか。まず、そもそものメールの内容を簡素にすることだ。箇条書きを多用したビジネスメールにすれば、余談が入り込む余地は少ない。相手から質問が来たとしても、なるべく箇条書きで返すようにしたい。

　それでもメールがズルズルと長くなってきたら、ぴしゃりと断ち切ろう。ただし、相手の気分を害してしまうのはいただけない。僕が見た、最悪なメールの断ち切り方を次に挙げる。

《ダメな例》

やりとりが長くなりましたので、この辺で失礼いたします。

　一見ていねいにも思えるのだが、よくよく文面を理解すると、長くやりとりしたのが良くなかったように思える。そもそもやりとりは1人でするものではなく、お互いが参加しているのだから、これはよろしくない。お前のせいで時間をムダにした、ととられても致し方ない。

《良い例》

　ごていねいなメールをいただきありがとうございました。
　打ち合わせの際はよろしくお願いいたします。

このように、メールのやりとりに対してお礼を言うことで、しめるのがベストだ。こう伝えることで、ほとんどのやりとりが終わるはずだ。あくまでもお礼にすれば、相手に悪い印象が伝わることも少ない。

Cの「そんな……。こちらから断ち切るのは失礼だよ！」は、とても相手思いの方なのかもしれないが、効率的とは言いがたい。こう考えている方にかぎって、長いメールやSNSのやりとりが増えてしまう。そして実は、相手も困っていたりするものだ。**まずは、メールに箇条書きを多用することから始めよう。その上で、文末には、とにかくお礼を書く。**これだけで、やりとりが短くなっていくはずだ。

幹事役のデメリットより、
メリットに目を向けてこそジバラ上級者

no.29　　　　　　　　Ⓐ5点 Ⓑ2点 Ⓒ0点

イベントの幹事役が回ってきそう。出欠調整が面倒だが、
受けるべきか、受けざるべきか？

Ⓐ 専用ツールを使っているので、引き受けても余裕だ。

Ⓑ LINE を駆使して、何とか頑張ればできる……はず。

Ⓒ 負担が大きいので、家族を病気ということにしてでも
逃げる。

　何かの集まりやイベント、歓送迎会などの幹事役になると大変
だ。人数が多いと、日程を合わせて出欠を把握するだけでも大変
に時間がかかるし、手間もかかる。

　あまり生産性に寄与する作業ではなく、時間ばかりかかるので、
嫌がる人も多い。ところが、**こんな大変で人の嫌がる役を率先し
て引き受ける知人たちを見てきて、驚くべきことがわかった。**彼
らは、とても人脈が広く、独立しても全員が成功しているのだ。

　もちろん、僕の身近な人たちの例にすぎないので、確実とは言
えない。だが、その理由は明白だ。人付き合いが良く、コミュニ
ケーションに多くの時間を割いているからこそ、信頼を得ている
のだ。もっと単純に考えても、多くの人とコミュニケーションを
取れるなら、そこからビジネスに発展する可能性も比例して増え
る。つまり、**つきあいは深さだけでなく、広さも非常に重要なわ
けだ。**

　こんなことに気づいたので、遅まきながら僕も幹事役を積極的

に引き受けようと思っている。しかし、あまり負担になるのは困る。では、どうすればいいだろう？

　Aの「専用ツールを使っているので、引き受けても余裕だ。」が正解だ。専用のツールを使うことで、出欠の集計が簡単にできるようになる。**もはや、メールの返信を待って、いちいち数えていくような時代ではないのだ。**もちろん、手間を考えれば紙の回覧板の出欠表も、時代遅れ。今回紹介するツールは「調整さん」というブラウザー上で利用できるサービスだ。

　このサービスを使うと、簡単に出欠表を作成でき、日付ごとの出欠の可否を集計できる。なお、「調整さん」のくわしい使い方は、158 〜 159 ページで紹介する。

　「LINE を駆使して、何とか頑張ればできる……はず。」というBは、確かにこんなやり方が実際には多いのだが、集計はとても面倒になる。LINE は会話が流れるので、それぞれが適当な書式で参加可能日などを書いていくと、後で見返すだけでとても手間がかかる。特に、10 名を超えれば大わらわ。メールでの出欠の連絡と確認に関しても同様だ。

　LINE などの SNS は、専用のツールを使っても返事をくれない人へ催促するためだけに使うとよいだろう。それでも連絡がつきづらければ、電話をかけることも厭うべきではない。こまめに連絡をすると、相手からの信頼度は高まり、将来の人脈形成につながりやすくなるのだから。

　「負担が大きいので、家族を病気ということにしてでも逃げる。」というCは、数年前なら僕も大いに賛同した。幹事を引き受ける

ことが効率化につながるとは思っていなかったからだ。しかしこれは、知人の行く末を見ていて、大失敗だったと気づかされた。**こまめに世話を焼く人は、仕事でも信頼されるのは当たり前（逆もまた、しかり）。**嫌がらずに幹事を引き受けるようにしたい。

「調整さん」を利用すると、希望日の出欠を簡単に集計できる。ログインなどをしなくてもよいのが楽でオススメだ。

幹事役も、重荷と思わずに…

電話でのやりとりは、
〈記憶より記録〉が確実

no.30　　　　　　　　　**Ⓐ**0点　**Ⓑ**3点　**Ⓒ**5点

お客様との電話を切った途端、よくある「何だっけ？」
──どうフォローする？

Ⓐ もう一度、電話をかけて確認する。

Ⓑ 「電話の内容のご確認」という形でメールを送って、
バレないように確認する。

Ⓒ 電話を録音しているから問題なし！

　電話でのやりとりは、とても危うい。オフィスの机に座って電話をかけているならまだしも、外出先で受けた電話では、メモを取るのもおぼつかない。打ち合わせの日程などを電話で決めたとしよう。この程度ならメモを取らなくても大丈夫だと感じることが多いのだが、その後、話題がいろいろふくらんでしまい、電話を切ったら打ち合わせの日程の記憶が怪しい……。こんな経験をしている人は、少なくないだろう。こんな時にはどうすれば、〈うっかり忘れ〉を防止できるのだろうか？

　Aの「もう一度、電話をかけて確認する。」は、さすがに失格だ。まあ、どうしても不安ならそうするしかないのだが、相手に「ちゃんと聞いていなかったのか」と思われてもしかたがないだろう。**相手を選ばないと最悪な結果にもなりかねない。**まあ、あやふやな記憶のままにして、行き違いを起こすよりはマシだが、ジバラ的には０点だ。

　「『電話の内容のご確認』という形でメールを送って、バレないように確認する。」Ｂは、とても素晴らしい。僕の取引先でも1人だけ、これを完璧にしてくれる人がいる。電話でのやりとりをすると、数時間後に、やりとりの内容をまとめたメールを送ってくれるのだ。双方の確認になり、記録にも残るので、とても素晴らしいと思うし、いつも感謝している。

　ただ、僕がマネをするのは、とてもじゃないが難しい。この方は、原則としてデスクワークをしているので、記録が取りやすいのだ。僕の場合は、出先で、それこそ歩いている最中にも通話しているので、記録して返事をするのは難しい。なるべく見習おうと思ってはいるが、負担を感じて、なかなかできてない。

　Ｃの「電話を録音しているから問題なし！」が正解だろう。スマホには電話の内容を自動で常に録音できるアプリがある。自動的にかけた電話・受けた電話を片っ端から録音してしまうのだ。このアプリを使えば、覚える努力が不要になる。すべて記録されている通話を、必要に応じて後で聞き直せばよくなる。

　スマホの通話を録音できるアプリは多数登場しているが、すべてで録音できるわけではない。アプリとスマホの相性があるようで、録音できるものとできないものとがあるのだ。僕の場合は、Galaxy S8+ で「callU」というアプリを使って、うまく録音できている。いろいろなアプリで、録音できるかどうか、試してみるとよいだろう。なお、Galaxy シリーズのスマホには標準で録音機能が搭載されているが、通話中にボタンを押さなければならないので、ちょっと面倒だ。

　心配症の方のために、一言。**相手とのやりとりを録音して、自分が確認のために聞くだけなら、法的な問題はない。**

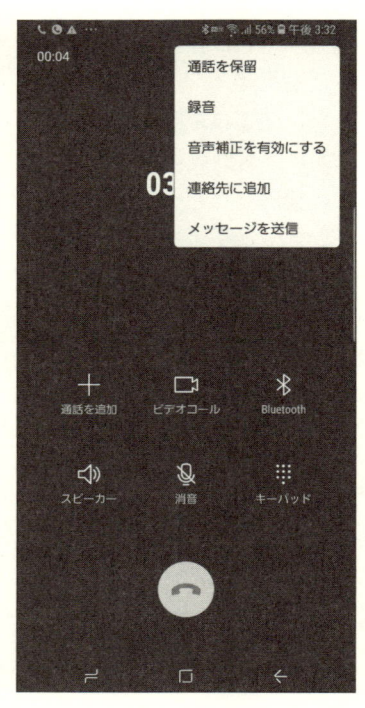

callU を利用して、通話をすべて録音している。録音できるアプリは多数あるので、相性の良いものを探したい。ただし、すべての機種で録音ができるとは限らない。

Galaxy シリーズは、多くのモデルが標準で通話の録音機能を搭載している。

⚙ ツール解説

→ no.26 Gmailで後から送信を取り消す方法

　Gmail では、送信ボタンを押してから一定の時間までは送信の取り消しが可能だ。取り消しができる時間の長さは 5 〜 30 秒まで指定可能なので、ぜひともオンにしておこう。オススメは 30 秒だ。ただし、この機能はパソコンのブラウザーで Gmail を送信する時にしか使えない。スマホのアプリで送信前に確認のメッセージを表示することはできるので、設定を変更するとよいだろう。

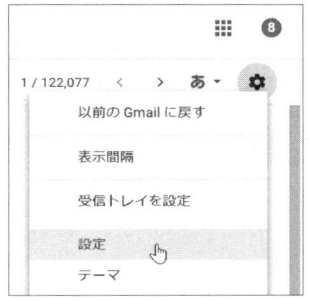

ブラウザーで Gmail を開いたら、右上の歯車のマークから「設定」をクリックする。

「設定」が開いたら、画面をスクロールして「送信取り消し」で「取り消せる時間」を設定する。短いとほとんど役に立たないので、30 秒にしておこう。

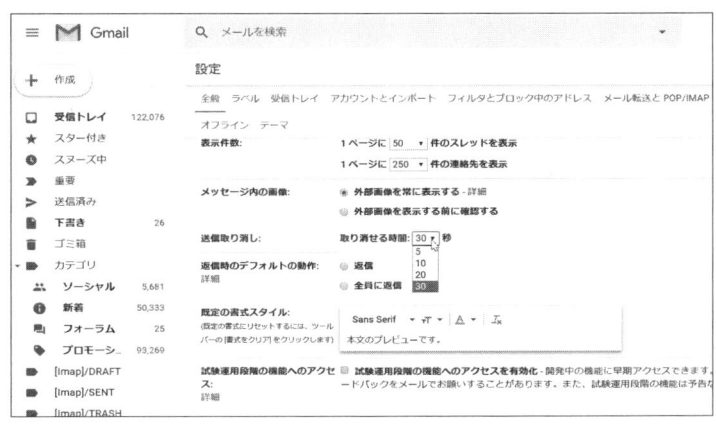

→no.29 幹事必見！　出欠集計のスマート化

　大人数の出欠を取るのは難しく、また複数の候補日から出席可能日を選んでもらうのはとても大変だ。そこで、専用のツール「調整さん」を使うことをオススメする。ブラウザー上で出欠のアンケート票を作成し、メンバーたちに記入してもらうだけだ。会員登録やログインなども必要がないので、誰でも簡単、手軽に使える。

イベント名などを入力したら、希望日を右のカレンダーからクリックして選択する。時間も自由に入力できる。「調整さん」はウェブ上で利用する。パソコン・スマホなどへのインストールなどは不要。検索すればすぐに見つかるはずだ。

表を作成したら、リンクを誘う相手に送って、返事を入力してもらう。

こちらが入力画面だ。候補日それぞれの都合を「○」「×」「△」で記録できる。

ジバラ度check 6
TODOとタスクの効率化編

? 設問コーナー

次の各問いに対して、自分の対応に最も近いものをそれぞれ選択肢A〜Cの中から選び、右下解答欄上段に記号、下段に点数を記入せよ。

no.31

やることが多すぎて、げんなり。そんな時、どうする?

- **Ⓐ** 「ひたすら頑張るしかない」と、自分に言い聞かせて耐え忍ぶ。
- **Ⓑ** タスクを整理し、小分けにして、着実に終わらせていく。
- **Ⓒ** 終わった後の爽快感を考えて頑張る。

Ⓐ0点 Ⓑ5点 Ⓒ3点

no.32

どうしても〆切に遅れがち。
どうしたら期日を守れるようになる?

- **Ⓐ** 早めに着手して、終わらせるように努力を続ける。
- **Ⓑ** そもそも、作業時間が見積もれていないのが欠点。そこから解決する。
- **Ⓒ** 〆切の約束をあやふやにしておけば、無問題(モーマンタイ)!

Ⓐ1点 Ⓑ5点 Ⓒ0点

no.33

メールでの依頼を忘れないためには、どうする?

- **Ⓐ** 頑張って、紙のノートに写して、TODOリストを作る。
- **Ⓑ** メールを未読にしておく。
- **Ⓒ** 予定やTODOリストに転記して、チェックしていく。

Ⓐ0点 Ⓑ2点 Ⓒ5点

no.**34**

**忙しすぎて、今日の予定も何がなんだか……。
頭の中を整理するのに、有効な方法を編み出している?**

Ⓐ メモに箇条書きする。
Ⓑ メモにやるべきことをチャート的に書く。
Ⓒ TODOリストでチェックしていく。

Ⓐ**3**点 Ⓑ**5**点 Ⓒ**2**点

no.**35**

**「8割の人が三日坊主」って感じだけど、
あなたは何とかする方法を考えている?**

Ⓐ 自分は〈意識低い系〉なので、
　　三日坊主は自然の摂理だと受け止めている。
Ⓑ TODOリストを作って、忘れないようにしている。
Ⓒ 「三日坊主脱却アプリ」を見つけて、サクッと課題継続中。

Ⓐ**1**点 Ⓑ**3**点 Ⓒ**4**点

no.**36**

TODOリストを使いこなしている自信、ある?

Ⓐ TODOリスト? 何それ、おいしいの?
Ⓑ うまく使いこなせず、何度も挫折している。
Ⓒ 自分には無理なので、やり方を変えている。

Ⓐ**0**点 Ⓑ**2**点 Ⓒ**5**点

no.31 ～ 36までの点数の合計点を計算して、「合計」欄に記入する。

	31	**32**	**33**	**34**	**35**	**36**	**合計**
解答欄	点	点	点	点	点	点	点

さあ、あなたの〈ジバラ度〉の判定は？ ➡

判定！あなたのジバラ度は……

25点以上：ジバラ度100%

出題者が言うのも何だが、実は本当にこんな点を取れる人がいるのか、ちょっと疑問。達人が使いこなしているTODOをあえて少し否定しているのが本書だからだ。もちろん、掛け値なしの25点以上なら、心からの拍手を送る。

20〜24点：ジバラ度70%

TODOリストを使っているなら、本当に役立っているのか今一度見直してみよう。1日のタスクがどのくらいあるのか、自分の仕事を俯瞰してみることで、さらに効率がアップできるはずだ。

15〜19点：ジバラ度50%

「昔はこんなこと、なかった」と思っているなら、それは加齢のせいかも。現実をまず受け入れよう。能力の低下を感じたら、テクニックやツールに、作業の効率化を任せてしまえばいいのだ。道具は歳を取らないので安心だ。

10〜14点：ジバラ度30%

こんな点数でも、自分を「まあ普通かな」とか思っていない？〈普通〉だと思って何もしないからこそ、この点数なのかも。まず自覚をするのが先決。

3〜9点：ジバラ度0%

これ以上、下はないのだから大丈夫！？　後は上がるだけだ！百歩の道も一歩から。イザ！

なぜ、こういう判定になるのか、
次ページからの「解答と解説」へ GO!

! 解答と解説

‖ 多忙時にモチベーションを爆上げするには

no.31　　　　　　　　　　**Ⓐ**0点　**Ⓑ**5点　**Ⓒ**3点

やることが多すぎて、げんなり。そんな時、どうする?

Ⓐ「ひたすら頑張るしかない」と、
　　自分に言い聞かせて耐え忍ぶ。

Ⓑ タスクを整理し、小分けにして、着実に終わらせていく。

Ⓒ 終わった後の爽快感を考えて頑張る。

　やるべきことが多すぎて困っていないだろうか?　**〈忙しい〉状態とは、概して、時間がないことではない。**例えば、毎日決まった時間割で勉強をしていた学生時代には、特に忙しいとは思わなかっただろう。自分で使える時間がない日が続くのに、そう感じなかったのは、作業内容が1種類であり、それにかつ、慣れていたからだ。

　毎日会社に出勤してずっと同じ仕事をしていたら、さほど忙しいとは感じにくいものだ。例えば、毎日同じように在庫を数えたり、商談していたりしていても、忙しくは感じない。ところが、複数のタスクが重なると、途端に忙しく感じ始める。企画書を作成している最中に、見積もり依頼の電話が鳴り、クレームの問い合わせが発生し、上司から会議の出席をゴリ押しされ……。もう忙殺ならぬ、謀殺されるのではないかと感じる人もいるはず。やることの種類が多くて、しかも同時期に処理しなければならない

状態が〈多忙〉なのだ。ではどのようにすれば、〈忙しい感〉を少なくできるのか？

「『ひたすら頑張るしかない』と、自分に言い聞かせて耐え忍ぶ。」Aは、確かにそのとおりで、実に正しさしかない。だが、そんなことを毎日繰り返していると、げんなりしてくるはずだ。正直〈昭和〉すぎる。つまり、モチベーションを上げるための工夫がなされていない〈時代遅れ〉の考え方なので、失格だ。

Bの「タスクを整理し、小分けにして、着実に終わらせていく。」方法、実はこれがジバラ的に正しい。

例を挙げる。数日かかる企画書を作るとしよう。その場合に「今日は構成だけ作成する」「明日はグラフだけ作る」と、タクスを小分けにするのだ。こうすることで、タスクが今日終わる「個」になる。これを、「数日かけて、企画書を作らなければ」と考えるから、つらくなるのだ。

しかも、複数のタスクが重なってきた時の消化度合いで、混乱が始まる。本来は企画書を作りたい時間なのに、上司が「資料を作って会議に出てくれ」とムチャ振りしてきて断れないような場合に、「あと４日間で企画書を作るのだから、残り３日で作業しなければ」と漫然と考えるのは、いただけない。「今日は構成案を半分しか作れないから、残りを明日のグラフ作成の前に作業しよう」と仕分けできるようになることが大切。**小分けにすることで、タスクの〈かぶり感〉が減れば、〈忙しい感〉も減るはずだ。**

複数のタスクがあって、それぞれが適切に進んでいるのかどうかもわからずに、片っ端から着手して完了させていくから、やみくもに「忙しい」と感じるのだ。どんなにタスクが多くて同時並

行していても、**進め方の管理さえできていれば、「忙しいけど何とかなる」と感じられるので、気が楽になる。**

　ちなみに、タスクを小分けにして、こまめに〈終了〉感を味わうことで、脳内にドーパミンが出てきてモチベーションが上がるといった説もあるが、僕はあまり実感できていないし、価値も感じない。そもそも、タスクが終わってからテンションが上がっても、それが次のタスクに大きくプラスになるとは思えない。

　モチベーションを上げるには、「このままやれば終わる」「何とかできる」と感じることが一番だと僕は考えているし、そのほうが現におこなっているタスクのプラスになる。

　Cの「終わった後の爽快感を考えて頑張る。」は、最近流行の〈脳内覚醒物質好き〉の方が考えそうなことだ。確かに、マラソンを走る時には、「走り終わったら爽快だろうな」と考えると頑張れるのかもしれない。**だが、僕は「終わったら、自分をほめてあげよう」と考えるのは、気持ちが悪すぎて無理だ。**約束した仕事を約束の時間までに終わらせることは、ほめられる以前の〈当然のこと〉だと思うからだ。こんなことでいちいち脳内物質を分泌していたら、その快感にもマヒしてくるのではないか。

　1つのゴールに向かって長距離をひたすら走り切るマラソンと違って、仕事は毎日大量のタスクを1つ1つ終わらせなければいけない。つまり、短距離走を繰り返しているようなものだ。ならば、短距離走の距離をさらに短く区分けして、1つ1つを簡単に走れるようにするBにこそ実効性があるはずだ。

　まあもちろん、他の方法でやる気が出るなら、まったく問題ない。本人が頑張れるなら、もちろんAでもCでも合格だ。

‖ 〈〆切に遅れる人の法則〉を破る！

> どうしても〆切に遅れがち。
> どうしたら期日を守れるようになる？

Ⓐ 早めに着手して、終わらせるように努力を続ける。

Ⓑ そもそも、作業時間が見積もれていないのが欠点。
そこから解決する。

Ⓒ 〆切の約束をあやふやにしておけば、無問題！（モーマンタイ）

　僕が経営している会社は、原稿を執筆するのが生業だ。メンバーもそれぞれに原稿を書いている。もう30年ほども経営しているので、いろいろなメンバーと仕事をしてきたのだが、どうやら〈遅れ症〉をもっている人が何割かはいるようだ。

　原稿の〆切を設定すると、必ず少し間に合わないのだ。許容量をオーバーしているのかと考えて、仕事を減らしても、結局遅れる。つまり、**仕事の量とは関係なく、〆切に遅れてしまうのだ。本人には悪気がないので、よけい困ってしまう。**

　さて、こんな遅れがちな人は、どうすれば間に合うようになるだろうか？

　「早めに着手して、終わらせるように努力を続ける。」というAは、ある意味で正解だ。僕の会社でも長い間、この方法が正解だと信じていて、〆切に遅れてしまう後輩を先輩がそう教育してきた。だが、どんなに厳しく「早めに着手しろ」と言っても、遅れてしまうケースが頻発する。

　**失敗を繰り返して、遅れてしまう人の考えや気持ちを繰り返し
ヒアリングして、ようやく1つの結論に達した。**いくら早めに着
手しても、切迫感がなければ、ダラダラと作業して遅れてしまう
だけなのだ。

　つまり、2日で終わる作業を3日前から着手したところで、「余
裕があるから大丈夫」とどこかで考えてしまうだけ。仕事量を減
らしても遅れる人には、そんな感覚が身に染みついているのだ
ろう。

　**正解は、B「そもそも、作業時間が見積もれていないのが欠
点。そこから解決する。」だ。**つまり、自分がその作業にかかる
時間を明確に見積もれていれば、「真剣にやらないと間に合わな
い」と気づくことができる。うまく見積もれていない人にかぎっ
て、「まだ大丈夫だろう」と考えて、全体に手を抜きたがる。また、
〆切が迫っているのに、「きっと終わるだろう」などと、根拠の
ない自信をもっていたりもするものだ。

　逆に言うなら、正確に作業時間を見積もれてこそ、早めの着手
も意味をもつわけだ。

　では、作業時間を見積もれるようになるには、どうしたらいい
だろう？　**基本的には経験から予想していくしかないのだが、重
要なのは〈意識〉だ。**さまざまな作業をする時に、自分でかかっ
た時間を計測するようにする。作業時間を常に意識するクセをつ
けるのだ。これだけで、作業時間がだんだん見積もれるようにな
る。手元の紙にでも着手時間をメモしておけば、終了時間を見る
だけで済む。10秒もかからないはずなので、ぜひやってみてほ
しい。

　この作業を繰り返すと「簡単な企画書は、3時間でできた」「難

しい企画書は、8時間かかった」などと、だんだんわかってくる。すると「急いで作業しないと間に合わない」と、適切に思えるようになるのだ。**つまり、「いつもちょっと〆切に遅れる人は、実は切迫感がもてない人なのだ」という法則を頭に置いておこう。**とは言え、無理に早く着手させられたり、せっつかれたりしても、なかなか切迫感はもてないもの。切迫感を感じられるように、正確な作業時間を見積もれる自分に変えていくのが、〈〆切を守れる人になる〉第一歩だ。

最悪なのは、C「〆切の約束をあやふやにしておけば、無問題！」だ。普段まったく〆切に遅れない人が、たまに「作業量が多いので、遅れるかもしれません」と言うなら、間違いなく受け入れてもらえる。ところが、いつもいつも〆切に少し間に合わない人が、「遅れるかもしれません」と言ったところで、説得力も何もない。

〆切とは、間に合わせるための期限ではなく、適切な作業をすれば終わる時間を指すべきだ。だから、すべての作業で着手時に〆切が提示されるか、相談して決めるかすることになる。この時点で、確実に納められる〆切を伝えられないなら、実はすでに失格なのだ。

上司が時間の見積もりができていない場合の対策も、実は難しくない。あなた自身がきちんと見積もれているなら、それを示せばいいだけだからだ。その上で「期日を守れ」とムチャな〆切をゴリ押しされたなら、「質を落とすしかない」「残業を増やすしかない」ことを明確に伝えよう。もちろん、伝える時にはオトナの対応で。相手に合わせた意思表示法を会得するのも、ジバラ実現には必要だ。

メールでの依頼の〈うっかり忘れ〉を 防止して、信頼される人に

no.33　　　　　　　　　　**Ⓐ0点 Ⓑ2点 Ⓒ5点**

メールでの依頼を忘れないためには、どうする？

Ⓐ 頑張って、紙のノートに写して、TODO リストを作る。

Ⓑ メールを未読にしておく。

Ⓒ 予定や TODO リストに転記して、チェックしていく。

　仕事の依頼がメールで来ることは、とても多い。僕の場合は、電話で仕事を依頼された時には、「念のため、メールでお送り下さい」とお伝えするようにしている。これによって、言い違いや聞き違いが防げるし、簡単な発注書としての意味ももたせられるからだ。

　特に〆切や支払い条件等の勘違いは、双方にとって最悪な結果にしかならないので、しっかり確認しておくべきだ。

　こうして多くの仕事の依頼がメールで届くわけだが、これを忘れないようにするには、どうしたらいいのだろう。あなたは、何か工夫をしているだろうか？

　「頑張って、紙のノートに写して、TODO リストを作る。」というＡは、**やり方としては合っているのだが、重大な欠点がある。**アナログの紙のノートは、情報がそこにしかない。そのノートを会社に置いていると、出先や自宅ではやるべきタスクがわからなくなる。また、メールで来た情報を書き写すのは大変に面倒だし、写し間違いにもつながる。メールに詳細があると全部を写すのは

一苦労で、確認のために結局またメールを開かなければならない、なんてことにもなりやすい。よって、この方法は失格の0点だ。

Bの「メールを未読にしておく。」は、うまく機能するなら賛成だ。Gmailなら、どのデバイスで開いても未読は共通なので、パソコンでもスマホでも同じステータスのままとなる。作業を終えていないメールは未読になっているので、これを見ればやるべきことがわかるというわけだ。一度読んで再び未読にすることで、TODOリスト的に使っている人も多いだろう。

ただ、効率的にはいまひとつだ。いちいちメールを開かないと内容がわからないので、例えば10通のメールがたまっていたら、処理すべき順番や訪れる〆切のタイミングもパッとは把握できない。

正解はCの「予定やTODOリストに転記して、チェックしていく。」だ。Gmailには、届いたメールをそのまま、スケジュールやTODOリストに組み込んでしまえる機能が搭載されている。この機能を使うと、メールの文面をそのままスケジュールやTODOとして登録できるので、とても手っ取り早いし、書き写しのミスなどもなくなる。**「そもそもスケジュールを見るのを忘れる」という残念な人も、スマホやパソコンなら逐一通知をしてくれるから安心だ。**機能のくわしい使い方は、180〜185ページで紹介する。

なお、TODOリストを使うべきか否かは、後述する。

箇条書きでのタスク整理など、ジバラ的には及第点止まり

no.34　　　　　　　　　　　Ⓐ3点 Ⓑ5点 Ⓒ2点

忙しすぎて、今日の予定も何がなんだか……。
頭の中を整理するのに、有効な方法を編み出している？

Ⓐ メモに箇条書きする。

Ⓑ メモにやるべきことをチャート的に書く。

Ⓒ TODOリストでチェックしていく。

　やることが山積していると、僕はテンションが上がってくる。まあこれはとても変わった気質だと思う。多くの方が、忙しさにあせったり、大変そうだったりすると、めいってくるだろう。

　ただ、**大事なのはモチベーションや気持ちではなく、〈タスク〉だ。**テンションが上がろうが落ち込もうが関係なく、タスクはこなさなければならない。感情を切り離して、今日やるべきことを整理しておくべきなのだ。

　no.23で触れたが、本日の予定やタスクを整理するのは朝が最適だが、これからやる仕事をどのように整理すればいいだろうか？

　「メモに箇条書きする。」というAは、ほぼ合格だ。**やるべきことを整理して、頭から出しておくのが大事だからだ。**アポイントは「Google カレンダー」などに書いてあるはずだが、そこにはタスクを書かないのが一般的。逆に、メモにはカレンダーにはない、資料作成や顧客への電話など、やるべきタスクを書き出す

のだ。

　僕も最初は箇条書きにしていたのだが、これでは及第点だけど合格ではないと気づいた。ちょっと工夫するとよりわかりやすくなったからだ。

　正解はBの「メモにやるべきことをチャート的に書く。」方法だ。僕は、Ａ５サイズの紙をよく利用しているが、サイズは自由だ。次ページの【図3】のように、用紙全体を１日に見立てて、その日にやることを視覚的に書いていく。上が朝で下が残業時間にすると、わかりやすいと思うが、左右に流れていくスタイルでもOKだ。

　ビジネスのタスクは〈点〉ではなく〈線〉で表すべきだ。例えば、「今日１日かけて企画書のグラフを作成する」としても、途中で「顧客に電話をする」とか、「見積もりを送る」といったタスクが入ってくる。この流れが箇条書きだとわかりづらいのだ。

　紙１枚を１日と捉えて、視覚的にチャートっぽく書いていくと、とても整理がしやすい。

　基本的にはデジタル派の僕も、このチャートを書く作業はアナログで手書きしている。いろいろな情報が混在したり、割り込んだりしてくるので、文章だけでは表現しづらいため、手書きがやりやすいのだ。しかも、１日でこの紙は要らなくなるので、保存する必要もないからだ。ただし、僕の場合は外出も多いので、そういう時は、デジタルに手書きをしている。デジタルの手書きについては、245〜247ページでくわしく解説する。

　Cの「TODOリストでチェックしていく。」は、うまく運用できるなら問題ない。だが、**ジバラ的にはTODOリストの効用**

をちょっと疑問視している。 くわしくは後述する。

【図3】

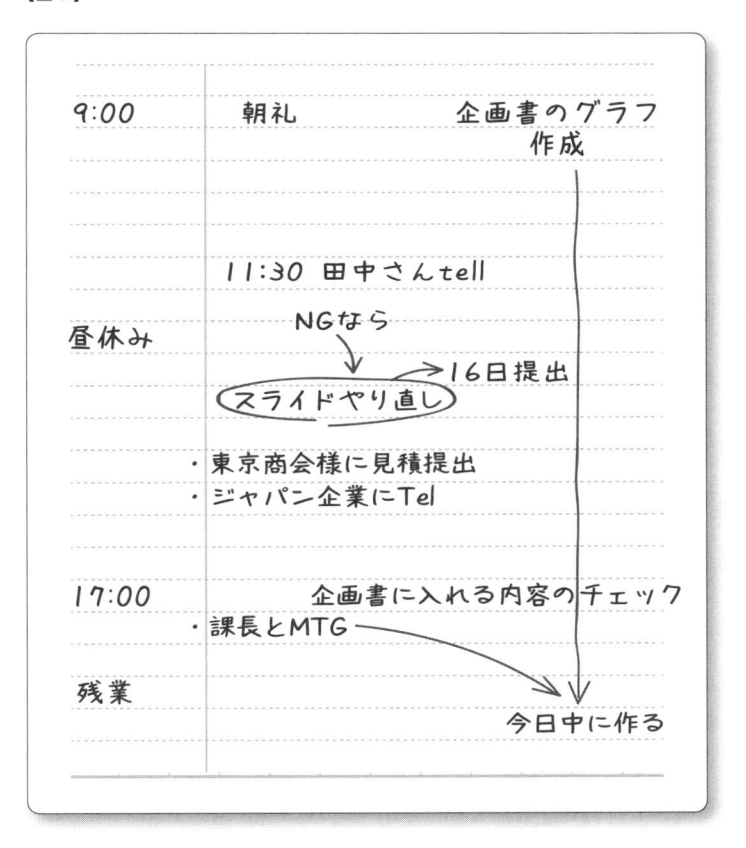

1日の予定を1枚の用紙に手書きする。1枚を1日と捉えて書いていくと、わかりやすい。もちろん、デジタルの手書きでもOKだ。

▌スマホで簡単、三日坊主の汚名返上！

no.35　　　　　　　　　　**Ⓐ**1点 **Ⓑ**3点 **Ⓒ**4点

「8割の人が三日坊主」って感じだけど、
あなたは何とかする方法を考えている？

Ⓐ 自分は〈意識低い系〉なので、
　　三日坊主は自然の摂理だと受け止めている。

Ⓑ TODOリストを作って、忘れないようにしている。

Ⓒ 「三日坊主脱却アプリ」を見つけて、サクッと課題継続中。

　「8割の人が三日坊主」という定義は、あくまでも個人的な感覚なのだが、「自分が三日坊主だと思うか？」「三日坊主に終わった経験があるか？」と周囲の人に問いかけてみてほしい。**おそらく7〜8割がイエスと答えるだろう。**

　まあ、続けるのが難しかったり、続けたくなかったりすることを「続けよう」と頑張るのだから、三日坊主になるのも頷けるところだ。例えば、「毎朝テレビをつける」といったことは、習慣としておこなっているはずだ。つまり、**好きなことややりたいことは、三日坊主などになりはしないのだ。**

　では、例えば、「朝の通勤電車で英単語を1つ覚える」「毎日15分はビジネス書を読む」「腕立て伏せ10回」など、スキルアップや体調管理のために重要な——でもあまり気のりしないものであったりする——ことを、三日坊主にならずに続けるには、どうしたらいいだろうか？

　Aの「自分は〈意識低い系〉なので、三日坊主は自然の摂理だ

174

と受け止めている。」という人は、まあとても気が楽だろう。だが、継続できないことや、やりづらいことを、少しでも続けていく努力をしなければ、何かを達成できる〈続けられる人〉にはなれない。どうでもよいことなら、確かに三日坊主を受け入れてもいいだろう。**だが、特にビジネスの現場では、〈継続するための努力〉は必須のものなのだ。**

Bの「TODOリストを作って、忘れないようにしている。」は、それでうまくいくなら問題ない。ただ、僕自身は残念ながらこの習慣を継続できないでいる。TODOリスト自体がもつ課題は後述するが、そもそもずっと継続する作業にはあまり向かない。

「○日までに終わらせる」などの重要な仕事のタスクが並ぶ中に混じって、「毎日、英単語を1つ覚える」「月・水・金は、腕立て伏せ」という項目が並んでいるのも、バランスが悪い。同様に、これらを同列にスケジュールに登録してしまうのも、ちょっと違うと思う。カレンダーにはムダな予定を入れないことが、見落としを防ぐコツだからだ。それに、**月間カレンダーに毎日「腕立て伏せ」と書いてあったら、げんなりしないか？**

「『三日坊主脱却アプリ』を見つけて、サクッと課題継続中。」というCが、おそらく最も成功する確率が高い。オススメするアプリは、「継続する技術」だ。iPhoneとAndroidの両方で無料で利用できる。

僕は、『日経産業新聞』で4年以上にわたって、アプリを紹介する連載を担当している。毎日のようにアプリ探しをしているのだが、三日坊主脱却に関しては、このアプリが最も効果があると思う。

アプリの考え方がシンプルすぎて笑えてしまうのだが、なかなか痛いところを突いてくる。**「そもそも、１つのことさえ続かないのだから、複数のことを設定するな」という考え方で、やるべきことは１つしか登録できない。**しかも、「続けるためにはなるべく簡単な作業にして、ハードルを下げろ」とアドバイスしてくる。

　とりあえず、徹底的に簡単なことを 30 日続けるためのアプリなのだ。つまり、このアプリの目的はタイトルどおりで、継続する技術を身につけ、〈続けられる人〉になることだ。30 日できるようになったら、もう少し継続したり、作業内容のハードルを上げたり、やることを２つに増やしたりなどしていけばよい。三日坊主でどうしても続かない方は、試してみるとよいだろう。一刻も早く試してみたいかもしれないが、くわしい使い方は、186 〜187 ページで紹介する。

「継続する技術」を利用して、とりあえず三日坊主から脱却してみよう。

‖ TODOリストは、使えばいいってモノじゃない

no.36　　　　　　　　　　　　Ⓐ0点 Ⓑ2点 Ⓒ5点

TODOリストを使いこなしている自信、ある？

Ⓐ TODOリスト？　何それ、おいしいの？

Ⓑ うまく使いこなせず、何度も挫折している。

Ⓒ 自分には無理なので、やり方を変えている。

　タスクを管理するために重宝するのが、TODO リストだ。その仕組みは簡単で、やることを書き出しておき、終わったらチェックをつけて終了にする。デパートなどに出かける前に、買う物を紙に箇条書きにして、買った物を消していく――基本的にはそんなリストと同じ使い方をする。

　Aの「TODO リスト？　何それ、おいしいの？」レベルの方、そもそも「TODO リストって何？」という方は、179 ページの画像を見ていただきたい（ちなみに「TODO」は「トゥードゥ」と読む。「トド」ではない）。メジャーな Google 製の「Google ToDo リスト」の画面だ。やることを入力しておき、終わったらタップしてチェックしていく仕組みだ。

　紙での管理と違うのは、期限を設定してアラートを鳴らすなど、デジタルならではの便利さがあることだ。また、データはクラウドに保存されるので、出先のスマホや自宅・会社のパソコンで同じ TODO を管理できる。パソコンで入力しておいたタスクを出先で終えたら、スマホで終了のチェックをつければよいのだ。

　「うまく使いこなせず、何度も挫折している。」という人、つまり、

177

Bもよく見かける。そもそも入力が面倒だとか、確認が面倒だとかいう方も少なくない。ところが、そんな方でも、「Google カレンダー」などは必ずといっていいほど、確認しているはずだ。なぜ、TODO リストが続かない人が多いのか、ずいぶんと時間をかけて、ヒアリングを重ねてきた。**その結果、たどり着いた結論はシンプルだ。**

要するに、同時並行で進んでいくタスクの数が、それほどないので、あえて TODO リストを作る意味が薄いのだ。例えば、今日やるべきことが3〜4つなら、書き出さなくても覚えていられるだろう。〈うっかり忘れ〉を防ぐためであっても、no.34で紹介した1枚の紙にまとめる方法で十分だ。

僕の場合は、常に10本以上の〆切がストックされている状態だが、これも TODO リストで管理する必要はない。作業がルーチンになっているので、頭に入っているからだ。もし進行が不安になったら、作成したファイルを見ている。毎日のルーチンとしてこなしている連載の場合は、1ヶ月近く前に作成したファイルが最新なら、〆切が迫っているということになる。

つまり、たいてい3〜4件のタスクしかたまらないなら、TODO リストを作る意味が薄いのだ。もちろん、TODO リストを全否定するつもりはない。数日間にわたるタスクが10件以上入っている方には、マストになるだろう。

「自分には無理なので、やり方を変えている。」という C のように、別のやり方を利用していて、満足しているなら、それで十分だ。個人的にオススメするのは、〈タスクリスト〉だ。やるべきタスクを書き出して、期日を書く。ここまでは TODO リストと同じなのだが、箇条書きでフリーにメモが書ける点が便利だ。オ

スメのアプリは「OneNote」や「Google Keep」(211 〜 213 ペー
ジで説明)だ。いろいろなデバイスで、同じノートが見られる。

「Google ToDo リスト」はオススメの
アプリだが、ここまで必要な人は少な
いだろう。

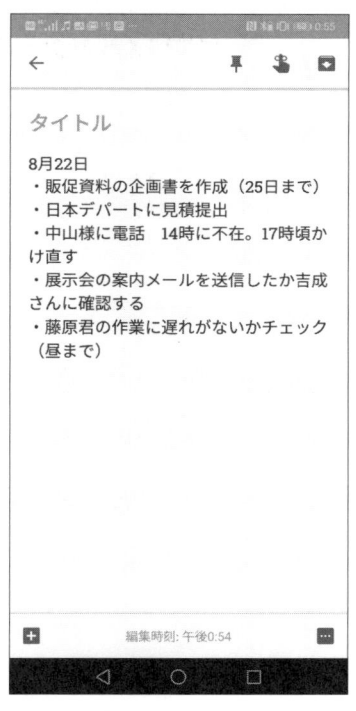

ノートアプリに「やることリスト」を
作成した。これで十分な人が多いはず。
いろいろな書き込みもできるのが嬉
しい。

→no.33 メールをそのまま、予定やTODOリストにする方法

　電子メールで届いた仕事の依頼を、そのまま予定として Google カレンダーに登録、あるいは、TODO リストにできると、非常に効率が良い。内容を入力する必要がなく、また記入ミスも発生しないからだ。数クリックで登録する方法を、身につけておきたい。この作業は、パソコンのブラウザーで開いた Gmail でおこなう。

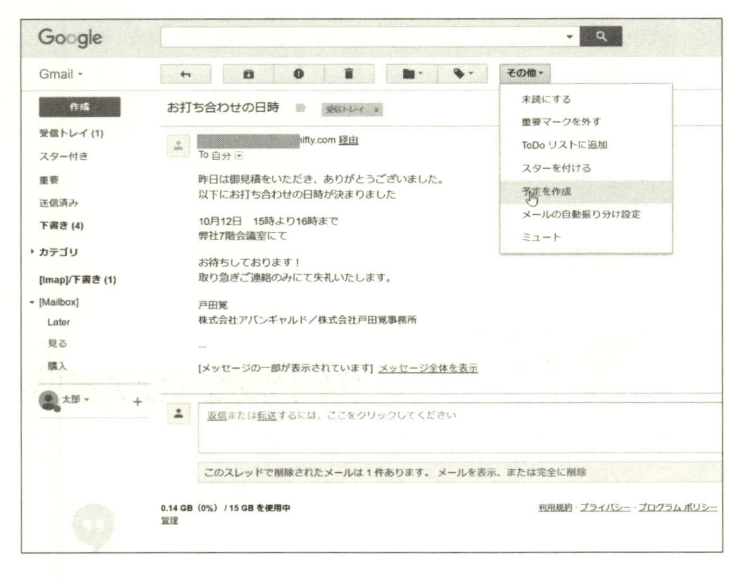

メールが届いたら「その他」や「：」から「予定を作成」をクリックする。

これだけで、基本的には予定が完成してしまう。

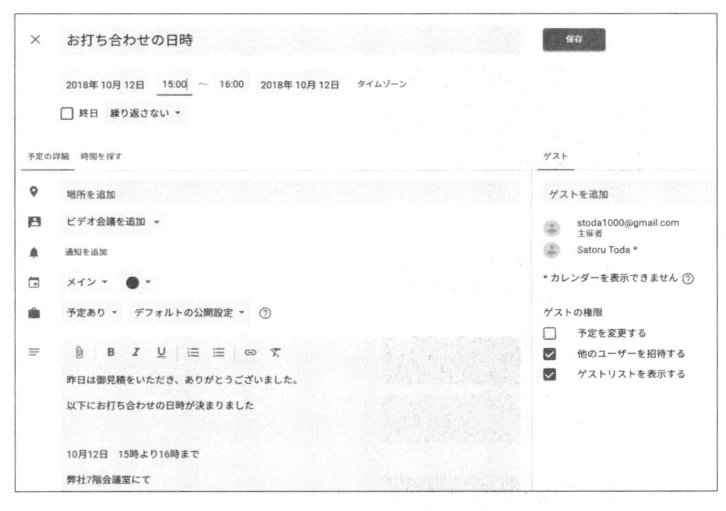

ただし、日時などが違っていると思うので、文面を読んで正しい日時を指定する。必要に応じて、タイトルを変更してもよいだろう。

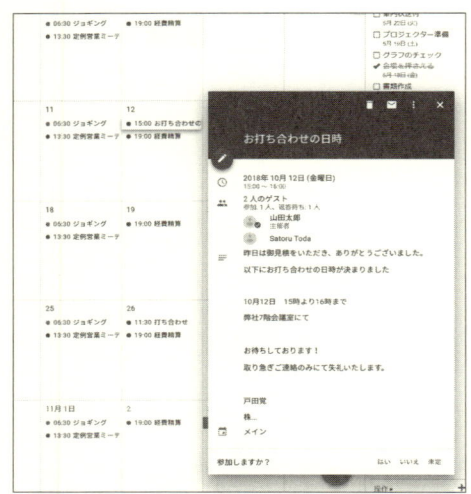

パソコンの Google カレンダーで内容を確認したところ。

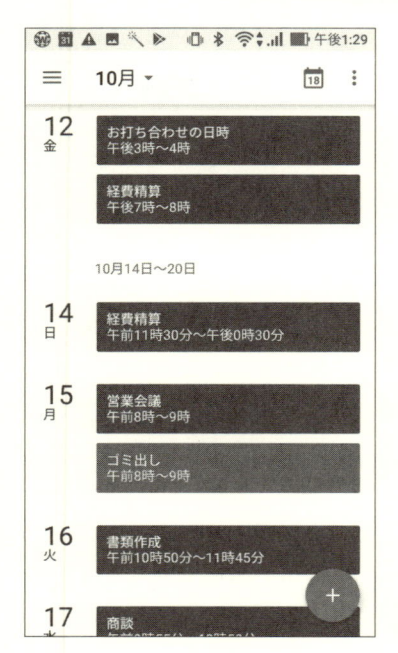

スマホの Google カレンダーでも、当然、内容を確認できる。

同じ手順で、届いたメールの「その他」「：」より「ToDo リストに追加」をクリックしてもよい。

自動的に新しいタスクとして登録される。

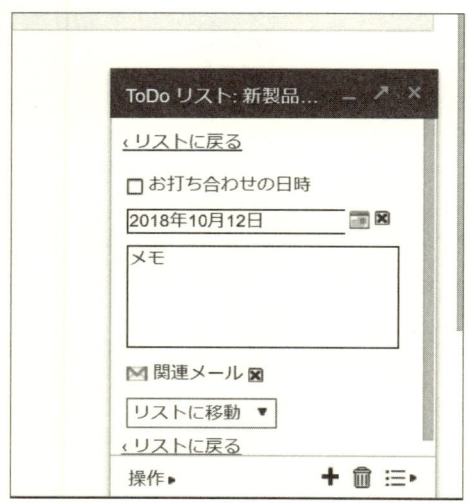

こちらも日時などを追加すれば完了だ。

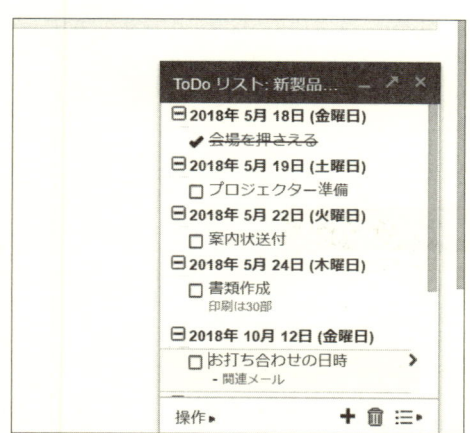

「Google ToDo リスト」に追加できた。ここからメールを開くこともできる。

スマホの「Google ToDo リスト」を
使えば、内容をすぐにチェックできる。
こちらからも対応するメールを開ける。

次は、工藤さんと
打ち合わせか

➡ no.35 アプリ「継続する技術」の使い方

　iPhone と Android の両方で使えるアプリ「継続する技術」は、ものぐさな方でも、とても簡単に利用できる。設定する目標は1つのみで、1度セットしたら変更はできない。30日継続するか挫折してやめるか、選択肢はこの2つしかないいさぎよさだ。

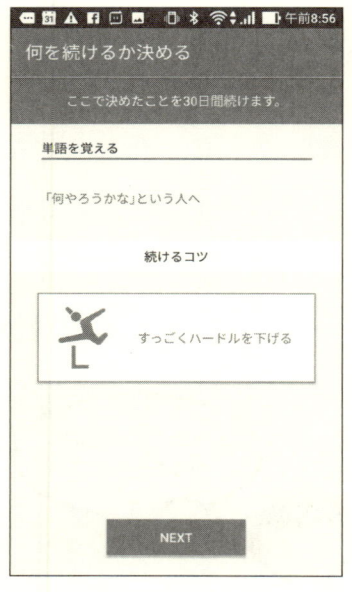

アプリを起動したら、〈やるべきこと〉のタイトルを記入する。

時間をセットする。アドバイスを読みながら、適切なタイミングを考えよう。

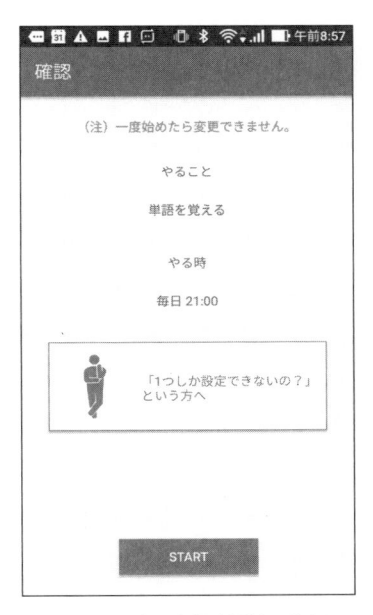

スタートしたら、もう変更はできない。

今日の〈やるべきこと〉を終えたら、
画面をタップすれば1日分を消化した
ことになる。

ジバラ度check 7
書類作成・
整理を極める編①

? 設問コーナー

次の各問いに対して、自分の対応に最も近いものをそれぞれ選択肢
A〜Cの中から選び、右下解答欄上段に記号、下段に点数を記入せよ。

no.37

絶対、ミスが許されない書類。誤字・脱字をなくすために、できることは?

Ⓐ 何回も見直すしかない。

Ⓑ 声に出して読んでみると、誤字・脱字は減るものだ。

Ⓒ 「音声読み上げ」アプリを使っているから、楽勝!

Ⓐ**1**点 Ⓑ**2**点 Ⓒ**5**点

no.38

パソコン上での書類の保存、ちゃんと仕分けできている?

Ⓐ そもそも、フォルダ分けなどしていない。

Ⓑ フォルダを開いて、そこに書類を作るから問題ない。

Ⓒ 保存場所をたまに間違うけど、気にしてない。

Ⓐ**0**点 Ⓑ**5**点 Ⓒ**1**点

no.39

書類を読んでもらうために、どこに気をつけている?

Ⓐ 書体替えや網かけ、アンダーラインなどを駆使して、
読みやすい紙面を心がけている。

Ⓑ 書類なんて「相手が読む」のが当然だから、
自分の書きやすいように書けばいいと思っている。

Ⓒ 最初に目に入るタイトルのインパクトが、一番大事だと思って作る。

Ⓐ**2**点 Ⓑ**0**点 Ⓒ**5**点

no.**40**

せっかく連絡先を教えてもらったのに、
なくしてしまった！　こんなこと、ない？

Ⓐ いつも手に書くから、トイレに行かなきゃ大丈夫。
Ⓑ いつもなくすので、「必要なら聞けばいい」と開き直っている。
Ⓒ アプリを使って同期しているから、問題なし。

Ⓐ**1**点 Ⓑ**0**点 Ⓒ**5**点

no.**41**

万が一、この瞬間にパソコンが壊れても、データは大丈夫？

Ⓐ バックアップはマメにとっているから、問題なし。
Ⓑ ファイルはクラウドにあるから、安心安全。
Ⓒ 壊れないように念じて、お守りを下げてあるから心配なし！

Ⓐ**2**点 Ⓑ**5**点 Ⓒ**0**点

no.**42**

書類作りの際、まずひな形（テンプレート）探しをしてない？

Ⓐ 省力化のために全部、探し出したひな形を使っている。
Ⓑ 何でも表にするようにしているので、ひな形は不要。
Ⓒ イメージを手書きしてから、作業している。

Ⓐ**3**点 Ⓑ**0**点 Ⓒ**5**点

no.37 〜 42までの点数の合計点を計算して、「合計」欄に記入する。

解答欄	37	38	39	40	41	42	合計
	点	点	点	点	点	点	点

さあ、あなたの〈ジバラ度〉の判定は？ ➡

あなたのジバラ度は……

25点以上:ジバラ度100%

本 check は、満点に近い方も少なくないはず。25 点以上のあなたは、日々しっかりと書類を作り、トラブルを未然に防ぐ工夫もできている。立派だ。他の人の指導もかって出て、ぜひ社内全体の〈ジバラ推進リーダー〉を目指してほしい。

20 〜 24点:ジバラ度70%

合格レベルなあなた。とは言え、もし no.41 の点数が今ひとつだったら、ちょっと気をつけて。トラブルに足を引っ張られて書類をなくしたり、作業のやり直しが発生したりしがちなので、本書を参考にさらなるレベルアップを。

15 〜 19点:ジバラ度50%

「可もなく不可もなく」は、書類作成においては失格にかぎりなく近い。ちょっとした工夫で作業時間は大幅に減らせるので、ここで紹介しているテクをどんどん取り入れてみて。

10 〜 14点:ジバラ度30%

せっかく作った書類やメモった電話番号などをなくして困っているあなた。no.40 を参考にちょっと工夫すれば防げるはず。またデータの保全にも気をつけるよう、no.41 を熟読して!

1 〜 9点:ジバラ度0%

机の上もパソコンの画面上もグチャグチャ?　パソコンのデスクトップは使用者の頭の中と一緒とも言われるが、あなたは隣の人に覗かれて恥ずかしくないか?　「恥ずかしくない !!」と言い切れるなら、もはや何も言うことは……いや、しかし!

なぜ、こういう判定になるのか、次ページからの「解答と解説」へ GO!

！ 解答と解説

‖ 誤字・脱字探しは人間（ヒト）に頼らず機械に頼れ！

no.37　　　　　　　　　　　　 Ⓐ 1点　Ⓑ 2点　Ⓒ 5点

絶対、ミスが許されない書類。
誤字・脱字をなくすために、できることは？

Ⓐ 何回も見直すしかない。

Ⓑ 声に出して読んでみると、誤字・脱字は減るものだ。

Ⓒ 「音声読み上げ」アプリを使っているから、楽勝！

某中堅企業の広報企画部にいる知人の話を聞いた時、思わず笑ってしまった。「別の部署から部長が転属してきたのですが、広報企画については何も知らない人なんです。だから私たちが作った書類には一切口を出せないんですが、誤字・脱字だけはしっかりチェックしてくれます」……「部長の仕事は、そこか？　そこなのか!?」と、思わず突っ込みたくなってしまう上司、実はけっこういるのではないだろうか。

大手企業では、偉くなるほど畑違いのマネジメントに異動させられることがあるので、当人もかわいそうだ。とは言っても、この部長のように、**他にできることがないから誤字・脱字には相当厳しい、なんてことで〈仕事をしてます感〉を出されては、部署のパフォーマンスが下がる。**困ったものだ。

とは言え、ここ一番の書類では、誤字・脱字が許されないこともある。印刷に回すパンフレットやチラシ、社長宛ての書類、顧

客との重要な契約書などなど……。さて、あなたはどのような誤字・脱字対策をしているだろうか？

　Aの「何回も見直すしかない。」は、まあまっとうな答えなのだが、そうやっても誤字・脱字が直らないことがあるから困るのだ。もちろん、**繰り返し読むほどに誤字・脱字は減るのだが、あまりにも効率が良くない。ジバラ的にはもう少し効率的に減らす方法を考えてみたい。**

　Bの「声に出して読んでみると、誤字・脱字は減るものだ。」は、事実ではある。声に出して読むというのは、僕のような古株の物書きが駆け出しの頃によく教えられた方法だ（その昔は原稿さえ手書きだったのだ）。確かに、単に読むだけだとスルーしてしまう誤字・脱字だが、声に出して読むと「あれっ？」という感じで見つかることがある。誤字・脱字だと正しく読めないからだ。黙読で流し読みしていると、誤字・脱字を見落としてしまいがちだ。
　ただし、以下のようなものはどうだろう。

「海の日に出かけるためには、」「収益の面では申し分ない」
「海の日に出かかるためには、」「収益の面はで申し分ない」

　当然、上の例が正しいのだが、パッと見て、スグあなたは間違いに気づけただろうか？
　このような誤字・脱字は、声に出して読んでも脳が自動訂正してしまい、スルーしがちだ。ではどう対処すればいいのだろうか？

正解は、Cの「『音声読み上げ』アプリを使っているから、楽勝！」

だ。黙読では違和感のない文章や、自分で声に出してもすんなり読めてしまう文章でも、**機械に読ませると、きちんと誤字は誤字として認識し、変な読み方をしてくれる。**

　この作業はとても楽で、機械に読ませている間は、文章を見ないでもいいところがポイントだ。機械の読み上げで違和感を感じた時だけ、その場所をチェックすればよい。イヤホンをすれば、移動中のカフェなどでも問題なく確認ができるだろう。

　文書を読み上げさせる方法はいくつかあるのだが、パソコンのWordを利用すると手っ取り早い。OneNoteやExcelでも可能だ。

　また、スマホでも音声読み上げは可能だ。移動中あるいは自宅で作業したいなら、iPhoneを利用してもよいだろう。残念ながらAndroidのWord文書の読み上げは、今のところ有効な方法がないので、パソコンを利用しよう。

　どちらもくわしい方法は、208〜210ページで紹介する。

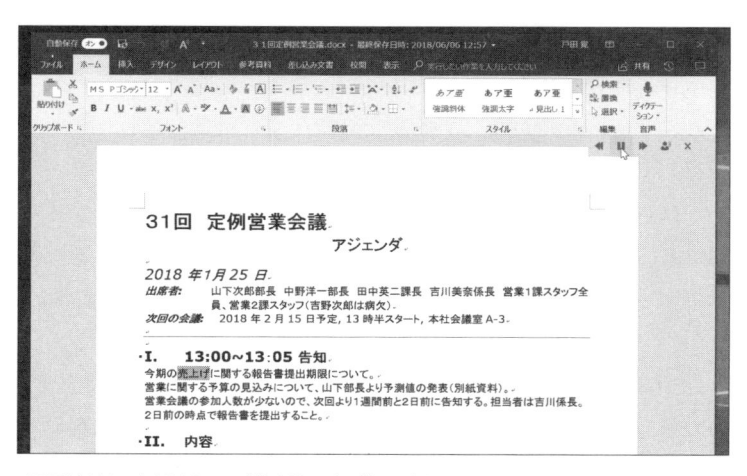

画面は Word 2016 で、「音声読み上げ」を実行しているところ。

ファイルをきちんと管理するためのコツ

Ⓐ0点 **Ⓑ**5点 **Ⓒ**1点

パソコン上での書類の保存、ちゃんと仕分けできている？

Ⓐ そもそも、フォルダ分けなどしていない。

Ⓑ フォルダを開いて、そこに書類を作るから問題ない。

Ⓒ 保存場所をたまに間違うけど、気にしてない。

　いまや仕事で使うほぼすべての書類を、パソコンで作成するのが当たり前になっている。紙の書類はファイリングして整理していたものだが、デジタルのファイルなら物理的に場所を取らない。紙の書類はいらないモノを捨てないと、どんどん増えてしまう。見た目にも山積してくるので、一定期間経つと廃棄していた。

　近年のパソコンは、ストレージの容量が増えたことでファイルを大量に保存しても、容量不足で困ることは少なくなった。もちろん、せっかく作ったファイルを捨てなくて済むのなら、すべて保存しておくことには賛成だ。

　とは言え、きちんと整理していないと、必要な時に見つからなくなる。そこで仕分けのためにフォルダを作るわけだが、あなたはその中にファイルをちゃんと保存できているだろうか？

　「そもそも、フォルダ分けなどしていない。」というＡで困っていないなら、まあいいだろう。それに、検索の達人なら困らないかもしれない。だが、普通はフォルダで管理したほうが必要なファイルをすぐ見つけやすい。取引先ごと、書類の内容ごとなどで仕

分けするフォルダを作成するのが、スマートだ。

「フォルダを開いて、そこに書類を作るから問題ない。」という
Ｂが大正解だ。普通は Word や Excel を起動して書類を作り、完
成するか、ある程度できあがってからファイルを保存する。だが、
このやり方は、実はスマートではない。まず、ファイルを作り始
める時点で保存をするべきなのだ。

　Word などのアプリのファイルメニューから、フォルダを探し
て保存するのは結構面倒なものだ。「エクスプローラー」とは違っ
て、フォルダ探しのインターフェイスがイマイチだからだ。

　そこで、作業をする段階で、ファイルを保存するフォルダを開
いておく。ファイルを作成する際には、そのフォルダ内で右クリッ
クして「新規作成」を選んで、作り始めればよいのだ。このタイ
ミングでファイル名も指定できるので、後で保存する面倒もな
い。これで、万が一フリーズが起きても、ファイルが失われる心
配が少なくなる。

　「保存場所をたまに間違うけど、気にしてない。」というＣも、
ジバラ的な観点では失格だ。**ファイル保存の際にフォルダの指定**
に失敗すると、後でなかなか見つけられずに痛い思いをする。作
り始めの時点で仕分け先のフォルダを開いて、そこでファイルを
作る習慣を、身につけておこう。

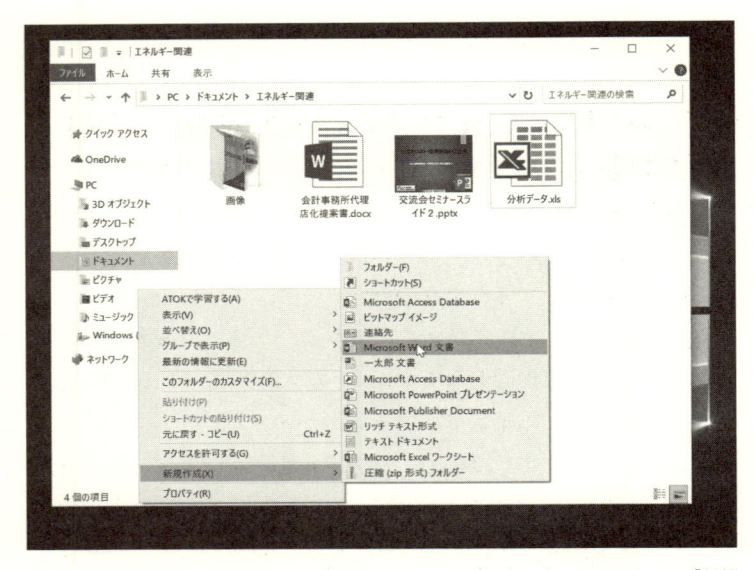

まずファイルを保存したいフォルダを開く。フォルダの中で右クリックして、「新規作成」から、Word など、ファイルを作りたいアプリを選ぶ。

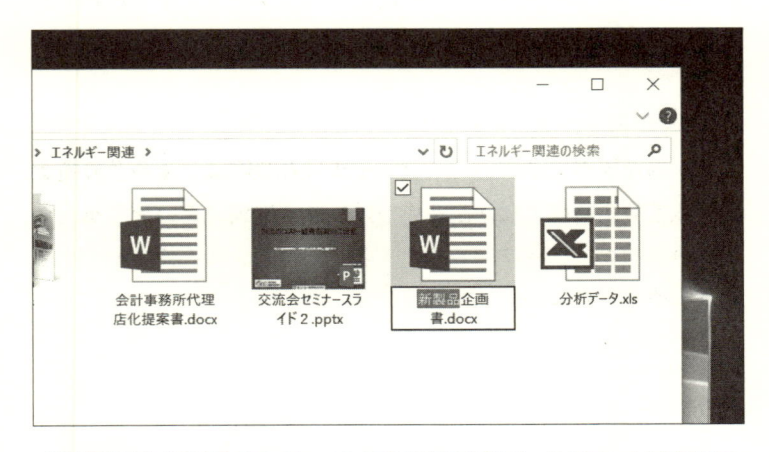

新規書類が作成できるので、ファイル名を変更すれば○K。後はファイルを開いて、書類を作成していこう。すでに保存できているので、ファイルをなくしたり、保存先のフォルダを間違えたりする心配もない。

虎の子の企画書を、〈積読（つんどく）〉にされないために

no.39　　　　　　　　　　　　　Ⓐ2点　Ⓑ0点　Ⓒ5点

> **書類を読んでもらうために、どこに気をつけている？**

Ⓐ 書体替えや網かけ、アンダーラインなどを駆使して、
読みやすい紙面を心がけている。

Ⓑ 書類なんて「相手が読む」のが当然だから、
自分の書きやすいように書けばいいと思っている。

Ⓒ 最初に目に入るタイトルのインパクトが、
一番大事だと思って作る。

　上司や取引先に、提案書や企画書などを提出することになった。あなたは必死で作成して、ありったけの情報やメッセージをつめ込み、良いモノができあがったと自負している。満を持して提出するが、相手の反応がイマイチ——こんな経験はないだろうか？

　僕は企画書やプレゼンに関する本を多く執筆しているために、悩み相談をよく受けるのだが、そのうちの１〜２割は「企画書を読んでもらえない」という悩みが占めている。**あなたがどれほど力を入れて作ったとしても、相手も同じように力を入れて読んでくれるとはかぎらない。**では、書類を読んでもらうためには、どんな工夫が必要だろうか？

　「書体替えや網かけ、アンダーラインなどを駆使して、読みやすい紙面を心がけている。」というＡは、一見正解に思える解答だ。だが、本質的なことを考えてほしい。**「読みやすい」というのは、読み始めてから気づくことだ。その前の段階で読んでもらえない**

こともあるのだから、これは工夫としてはものたりない。

　取材で、ある大手小売店のバイヤーの話を聞いたことがある。商談日になると彼の元には、大量の企画書が届けられる。1日で10件以上の商談をするので、企画書の数も10通を余裕で超える。彼が真剣にすべてを読むのは、時間的にも無理なのだ。

　実は、あなたの会社や製品にあまり興味がない相手が「うるさいから企画書だけもらっておくか（読みはしないけど）」と思っているケースもありうる。そんな相手にさて、どうやって読んでもらおうか。

　「書類なんて『相手が読む』のが当然だから、自分の書きやすいように書けばいいと思っている。」というBも、考えが甘すぎる。**真剣に読んでもらえていると思っているのは、あなただけかもしれない。**だから、受け取った相手が思わず読みたくなるように、工夫する必要があるのだ。

　正解はCの「最初に目に入るタイトルのインパクトが、一番大事だと思って作る。」という考え方だ。企画書を全部読む気がなくても、タイトルぐらいは目に入るだろう。メールで送られてきてもタイトルは見るだろうし、手渡しで提出されても、表紙は必ず見るはずだ。よって、タイトルを工夫して、相手が読みたくなるようにしなければならない。

　読む気にさせるためには、タイトルにあなたが書きたいことを書いては絶対にダメだ。重要なのは、相手が読みたいことを書くことだ。これを〈キラーインフォメーション〉と呼んでいる。

　書類で最も重要なのは、受け取った側のメリットなのだ。例え

ば新製品の提案書に、製品の良さをたくさん書いたところで、大して響かない。その製品を使うと、相手にとってどんなメリットがあり、何が嬉しいのかが、キラーインフォメーションになる。これをふまえてタイトルをつけていこう。

　読みたくなるタイトルをつけるコツは、以下の【図4】にまとめておくので参考にしてほしい。

【図4】

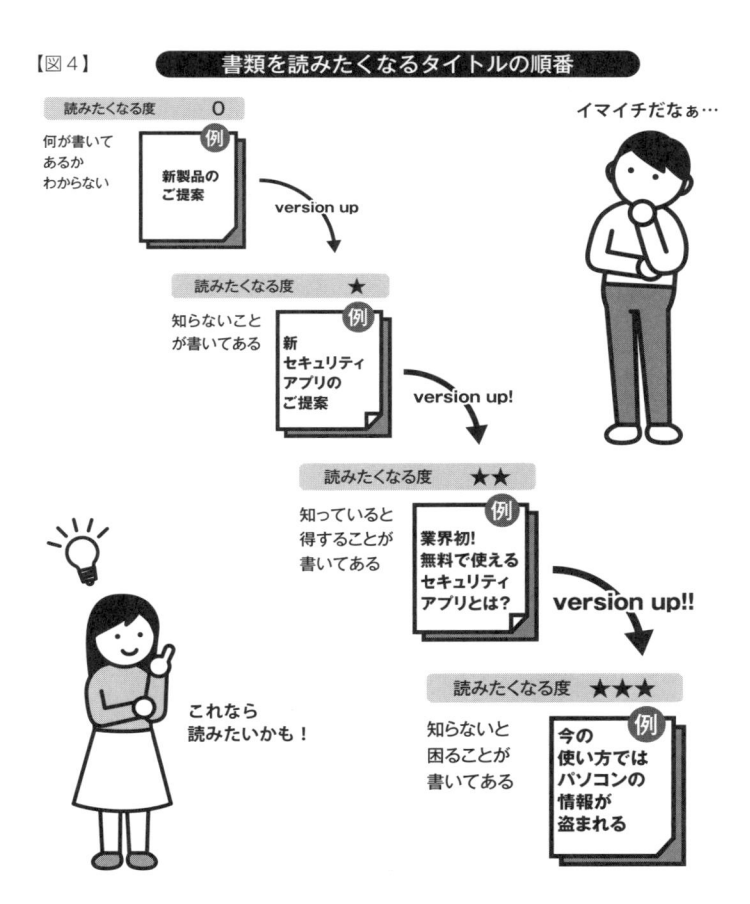

書類を読みたくなるタイトルの順番

読みたくなる度　**0**
何が書いてあるかわからない
例
新製品のご提案

version up

読みたくなる度　**★**
知らないことが書いてある
例
新セキュリティアプリのご提案

version up!

読みたくなる度　**★★**
知っていると得することが書いてある
例
業界初！無料で使えるセキュリティアプリとは？

version up!!

読みたくなる度　**★★★**
知らないと困ることが書いてある
例
今の使い方ではパソコンの情報が盗まれる

イマイチだなぁ…

これなら読みたいかも！

メモの〈うっかり紛失〉を防ぐ方法

no.40　　　　　　　　　　**Ⓐ1点 Ⓑ0点 Ⓒ5点**

> せっかく連絡先を教えてもらったのに、
> なくしてしまった！　こんなこと、ない？

Ⓐ いつも手に書くから、トイレに行かなきゃ大丈夫。

Ⓑ いつもなくすので、
　「必要なら聞けばいい」と開き直っている。

Ⓒ アプリを使って同期しているから、問題なし。

　僕の仕事では大量の情報を扱う。しかも、ちょっと控えた電話番号やデータが後々重要な価値をもってくることも少なくない。人から聞いた電話番号や商品の名前などは、繰り返し聞くのも申し訳ないもの。これは、製品のスペックなどを電話で問い合わせて聞いた際も同様だ。

　そんな時には、当然ながらメモを取ることになるだろう。ところが、その**メモをなくしてしまう人が、実に多い。**その場では何かの紙に書いているのだが、その紙が見つからなくなったり、古くなって捨てた後で必要性が出てきたりする。こうしたメモの〈うっかり紛失〉をなくすために、あなたは何か工夫しているだろうか？

　「いつも手に書くから、トイレに行かなきゃ大丈夫。」というＡは、ある意味では正解。手に書けば、〈うっかり紛失〉や〈うっかり忘れ〉を防止できる。例えば、出先で電話をかけなければいけないなら、その番号を手に書いておくわけだ。

　ただし、ある程度年齢のいった人の手に文字が書いてあるのは
ちょっと好ましくないし、みっともないのでできればそんなこと
はしたくないだろう。

　「いつもなくすので、『必要なら聞けばいい』と開き直っている。」
というＢは、ジバラとしては、まったくなっていない。なくすこ
とを繰り返してしまう理由は、それで、今までたいして手痛い思
いをしていないからだ。例えば、年に数回しかそんなことは起こ
らないからと、高をくくっているのではないか。

　だが、**実際には情報が失われるだけでなく、あなたは信用も失っ
ているのだ。また、なくしたメモを探す時間もムダにしているこ
とに気づいてほしい。**あるはずのメモがなくて探すには、相当な
時間がかかるものだ。

　Ｃの「アプリを使って同期しているから、問題なし。」が正解だ。
紙のメモは会社や自宅などに置いておくと、異なる場所では確認
することができない。そこで、専用のアプリを使うのだ。

　オススメは「Google Keep」という無料アプリだ。OneNote
やEvernoteと違って、ちょっとしたメモをとる機能に特化して
おり、完全無料で使えるのが嬉しい。

　**デバイスを問わないので、スマホやパソコンで利用でき、同じ
Googleのアカウントでログインしておけば、どこにいてもど
の端末でも同じメモを利用できる。**手書きにも対応するので、適
当なスタイラスペンを用意しておけば、記録も簡単にできる。紙
に書いたメモも、写真で撮影して貼っておけばよいだろう。くわ
しい使い方は、211〜213ページで紹介する。

Google Keep を使えば、手書きやテキストのメモを簡単に記録できる。

今さら、聞けないしな…

こんなことを繰り返していると、
いつかは…

信用も仕事もなし…

なんて末路も！？

バックアップは、もう古い!

no.41　　　　　　　　　　　Ⓐ2点 Ⓑ5点 Ⓒ0点

万が一、この瞬間にパソコンが壊れても、データは大丈夫？

Ⓐ バックアップはマメにとっているから、問題なし。

Ⓑ ファイルはクラウドにあるから、安心安全。

Ⓒ 壊れないように念じて、お守りを下げてあるから心配なし!

　パソコンは必ず壊れる。掃除機や洗濯機も必ず壊れるのだが、かなり寿命は長く、壊れた時に買い換えればいいだけで、ほとんど困らない。ところがパソコンは、6～7年でほぼ寿命になりやすく、10年もすれば、仮に壊れてはいなくても遅くて使いものにならなくなったりする。しかも、長らく作成してきたデータがすべて失われるという危険性を秘めている。運が悪ければ、購入して数ヶ月で壊れてしまうケースだってあるのだ。ノートパソコンなら、移動中に落とせば一巻の終わりだ。これほどまでに危ういパソコンを使っているのに、データの保全を考えていない人が多いのには、いつもヒヤヒヤしてしまう。あなたは何か、対策をしているだろうか？

　Ｃの「壊れないように念じて、お守りを下げてあるから心配なし！」といったスピリチュアルな対策はジバラ的には論外だが、Ａの「バックアップはマメにとっているから、問題なし。」という解答も、**5年前なら満点だったが、今となっては微妙だ。**バックアップをどこに取るのだろうか？　外付けのハードディスクに取るのが一般的だが、万一の災害などではデータが失われる可能性がある。光ディスクも後々読み込めなくなるリスクがあるし、

M-DISC はまだ高い。また、モバイルノートを使用中だと、外付けのドライブにはバックアップを取りづらい。そんな時にかぎって、故障などのトラブルに見舞われるものだ。

「ファイルはクラウドにあるから、安心安全。」というＢが正解。ここで言うクラウドとは、「クラウドストレージ」のことだ。 Microsoft が提供する「OneDrive」が最も使いやすいが、「Dropbox」や「Google ドライブ」を使うのでもかまわない。これらは、インターネットで接続したサーバー上にファイルを持っているので、万一パソコンが故障しても、ファイルが失われることはなく、再ダウンロードが可能だ。

　設定しておけば、ファイルはパソコンのローカルフォルダと同期される。つまり、ハードディスクとクラウドストレージの両方に、同じファイルが２重に保存されることになる。**クラウドストレージを使っておくと、パソコンを買い換えた時にも、ファイルの転送など面倒なことを考えなくてよいというメリットもある。** なお、ハードディスクと OneDrive を同期する方法は、214 〜 215 ページで紹介する。

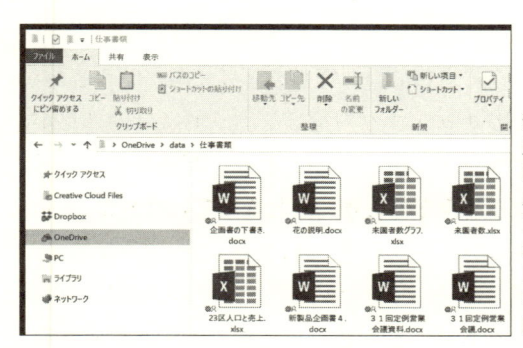

普通のフォルダのように見えるが、OneDrive と同期されており、ファイルは自動でクラウドにもアップロードされる。なお、どのクラウドストレージも、ある一定容量を超えると有料になる点は注意したい。

脱テンプレ!
オリジナルこそ意思伝達の最強ツール

no.42　　　　　　　　　　**Ⓐ3**点　**Ⓑ0**点　**Ⓒ5**点

書類作りの際、まずひな形(テンプレート)探しをしてない?

Ⓐ 省力化のために全部、探し出したひな形を使っている。

Ⓑ 何でも表にするようにしているので、 ひな形は不要。

Ⓒ イメージを手書きしてから、 作業している。

　書類を作成したり、文章を入力したりするのが苦手な人は少なくない。特に40代以上の方で、立派な役職の方に多いようだ。「面倒な書類作成など、部下に任せればよい」と思っている方が、けっこう目立つ。

　だが、それで本当に「よい」のだろうか。プレゼンや企画書の本を執筆するために多くの企業に取材で伺っているが、**成果を挙げている方々はたいてい、書類を自分で作っているものだ。大事な自分の意思を伝えるための処理を人に任せることはできない、と考えているためだ。**

　もちろん、そこは取捨選択をして、さほど重きを置いていない資料作成は部下に任せたり、内容を自分で作ってから装飾部分を部下にやらせたりしているケースも多い。しかし、話をよく聞いてみると、「自分で作らないと、きちんと伝わらない」「指示して作らせるより早い」というのが"できる人"のスタンスだ。確かに、そのとおりだと頷ける。

　今や、資料は面談よりモノを言う。顧客とのコミュニケーションの多くがメールを介したものになり、ファイルを添付して送る

ケースも増えている。直接会って資料を渡すよりも、メール添付で渡すほうが機会としては増えているはずだ。

　こうした際に、イチから資料を作るのが面倒だし苦手だからと、すぐにひな形（テンプレート）を探すケースもよく見かける。あなたは、いかがだろう？

「省力化のために全部、探し出したひな形を使っている。」というAは、しっかりしたコンセプトがある上でのことなら問題ない。ただし、そこまでの意識をもっているなら、ひな形をそのまま使わないほうがよい。**しっかりと自分なりにカスタマイズして使うなら、ひな形を大いに活用すべきだ。また、定型書類の場合は、言うまでもなくひな形をそのまま使ってOKだ。**履歴書・発注書・FAX の送り状などは、ひな形を使って省力化しよう。

　一方で、昔、その手のノウハウが流行したからだろうか、さまざまな書類を片っ端から Excel などで表にする人がいる。企画書や提案書なども表にしてしまうのだから、驚かされる。

　まあ、会社のルールでそう決まっているのならそれでもいいのだが、何でもかんでも表にするのには賛成しない。表形式が一番わかりやすいなら作成してもよいが、**「まず、表ありき」は、今の時代には合わない。**よって、B「何でも表にするようにしているので、ひな形は不要。」は、ジバラ的には失格だ。

　正解はC「イメージを手書きしてから、作業している。」だ。書類を作る際に手がなかなか動かない人は、完成後のイメージを想像できていないことが多い。**おおざっぱな手書きでかまわないので、どんな書類を作るのか、設計図（ラフ）を書いてみよう。**

　もちろん、適当な紙とペンでOKだし、パソコンなどでデジタルに手書きできるなら、それでもいい。必要な情報なども整理され、すいすいと作業が進むようになるはずだ。いきなり文字を入力しはじめるよりも、間違いなく効率が上がる。**これからちょっと流行しそうな〈デザイン思考〉の最初の一歩だ。**

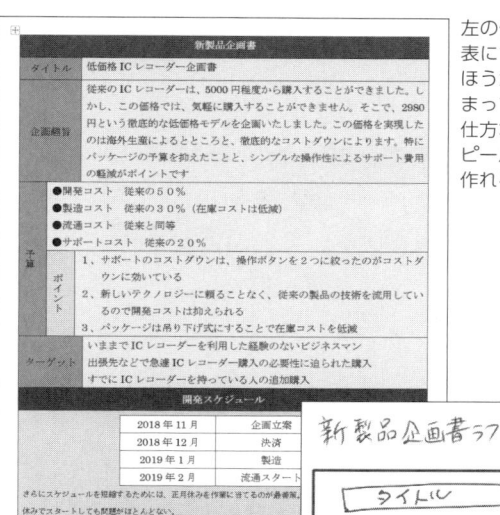

左の例のようにどれもこれも表にするのは、もはやめたほうがよい。会社で書式が決まっているようなケースなら仕方ないが、今ならもっとアピール力が強い書類も手軽に作れるはず。

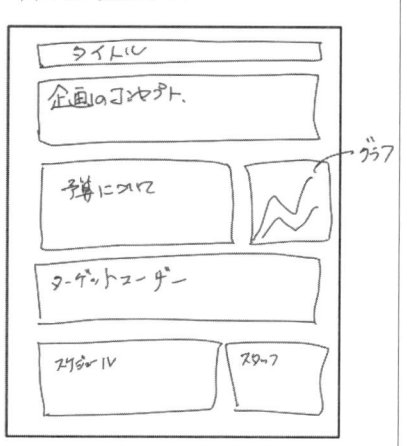

書類に書くことを、事前に手書きのラフで考えてみよう。だいたいのスペース（文字数）も考えて作れば、ムダに書きすぎることもなくなる。この方法で、デザイン優先で書類を作る習慣をつけると、アピール力の強い文書ができるようになる。

ツール解説

→ no.37 書類の読み上げ方法

・パソコン

　Word 2016 で、書類を音声で読み上げる方法を紹介する。初期状態では「メニュー」にコマンドが表示されていないので、自分で使えるように設定するのがポイントだ。なお、ほぼ同じ方法で、他の Microsoft Office アプリでも読み上げ機能を利用できる。

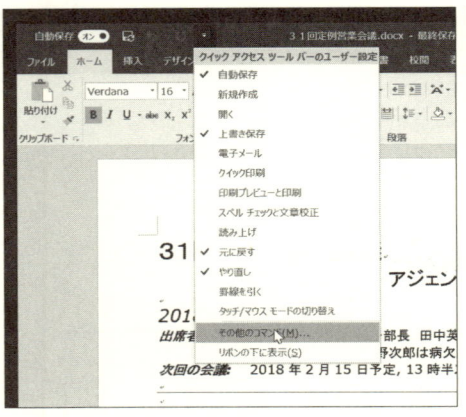

画面左上の「クイックアクセスツールバー」の「プルダウン」ボタン（下向きの黒三角＋棒のアイコン）をクリックする。

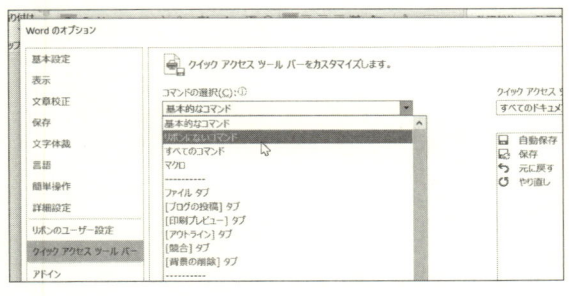

「その他のコマンド」から「クイックアクセスツールバー」のダイアログ上部の「コマンドの選択」から「リボンにないコマンド」を選択する。

リボンに登録されていないコマンドが大量に並ぶが、ずっとスクロールして下のほうから「読み上げ」を選択して、「追加」ボタンをクリックして「OK」する。

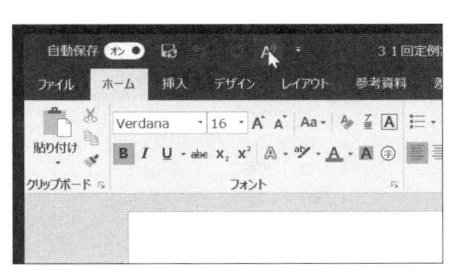

「クイックアクセスツールバー」に「読み上げ」のボタンが追加されるので、クリックする。

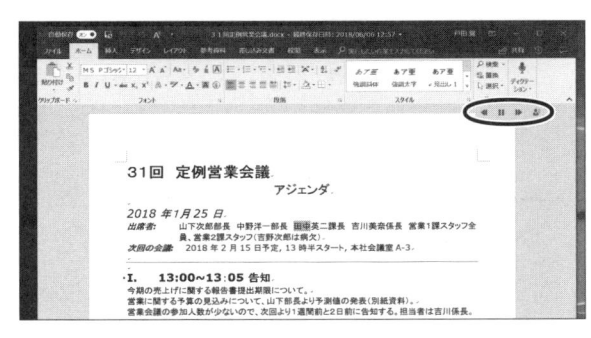

読み上げがスタートする。画面右上のボタン（画像内囲み部分）で、再生や停止が可能だ。

　書類全体を読み上げることもアプリによってはできるのだが、Wordなどでは対応していないようなので、テキストを選択してから「読み上げ」を実行するほうが確実だ。なお、利用にあたっては「アクセシビリティ」で「読み上げ」を「スピーチ」にしておく。なお、Androidに読み上げをさせるのはかなり面倒なので、オススメしない。

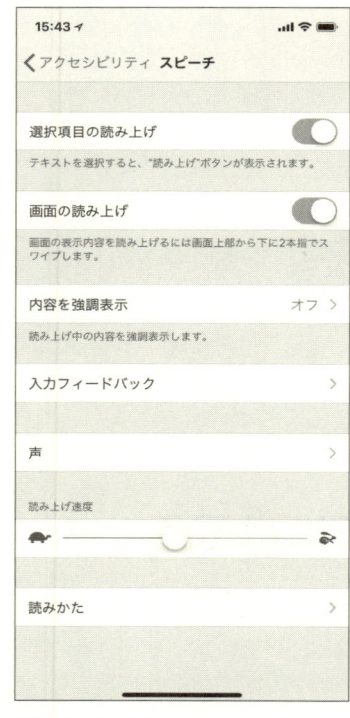

「設定」→「一般」→「アクセシビリティ」で「スピーチ」をタップする。その後、「選択項目の読み上げ」をオンにする。

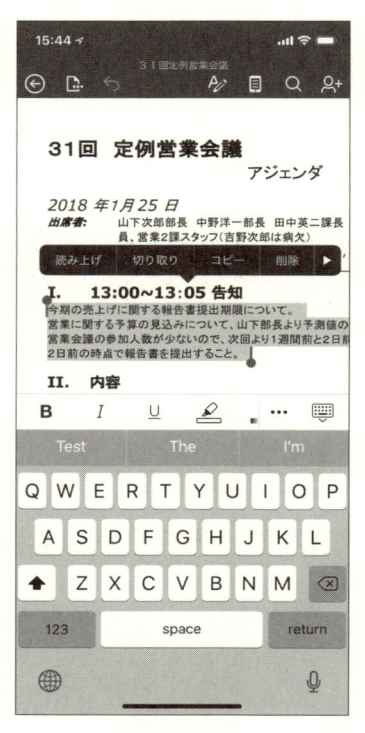

テキストを選択すると、読み上げてくれる。

→no.40 「Google Keep」入門

　非常に便利なメモアプリ「Google Keep」の使い方を簡単に紹介しておく。あなた自身が登録した Google のアカウントでログインできていることを確認して、作業を進めていこう。

　ここでは、Android での使い方を説明しているが、iPhone でもほぼ同様に利用できる。

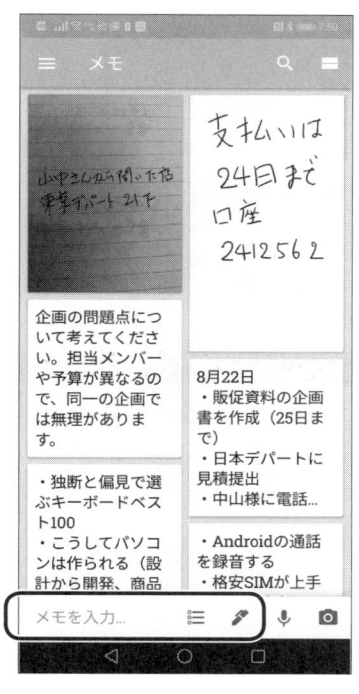

「Google Keep」をインストールして起動したら、画面下のボックス（画像内囲み部分）をタップすると、メモを入力できる。

テキストでの入力法は、とてもわかりやすくなっている。

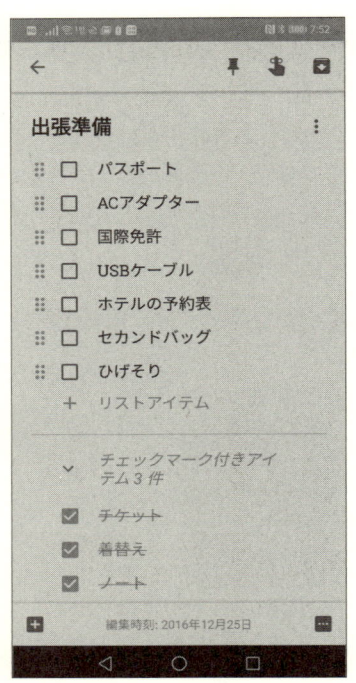

こちらは音声でテキストを入力したところ（「+」ボタンをタップして「録音」を選べばよい）。認識率が高いので、手が離せない時には重宝する。録音した音声も、テキストを同時に貼りつけられるのが秀逸だ。

チェックリストの作成にも対応する。

手書きは指でも可能だが、できればスタイラスペンを使いたい。

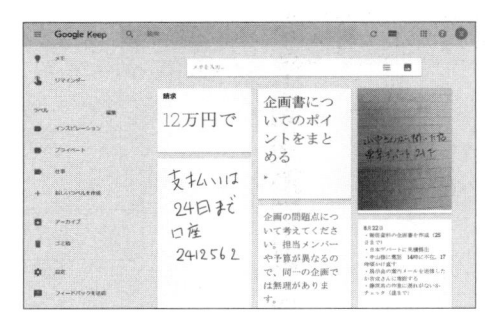

パソコンでは、ブラウザーから keep.google.com にアクセスすれば、同じメモを共有して使える。

→no.41 OneDriveを同期する方法

「クラウドストレージ」の使い方の例として、ここでは OneDrive と
ハードディスクを同期する方法を紹介する。OneDrive の Windows
用アプリは「https://onedrive.live.com/about/ja-jp/download/」より
ダウンロードしてインストールする。「OneDrive」で検索しても見つ
かるはずだ。無料でのクラウドストレージを 5GB 利用できるので、
試してみて良い感触であれば、有料プランに加入するとよいだろう。
Microsoft Office を使っている方は、すでに OneDrive がインストー
ルされて利用できる状態になっているはずだ。

　ここでは同期の設定方法を紹介しよう。自動で使えるようになって
いるので、パソコンとファイルを同期していない人をよく見かける
ので。

OneDrive の Windows 版
アプリがインストールされ
ていると、右の「通知エリア」
にアイコンが表示されるの
で、クリックする。

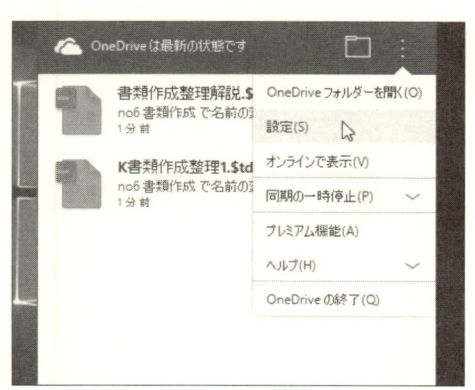

この画面が表示されたら、
右上の「メニュー」より「設
定」をクリックする。

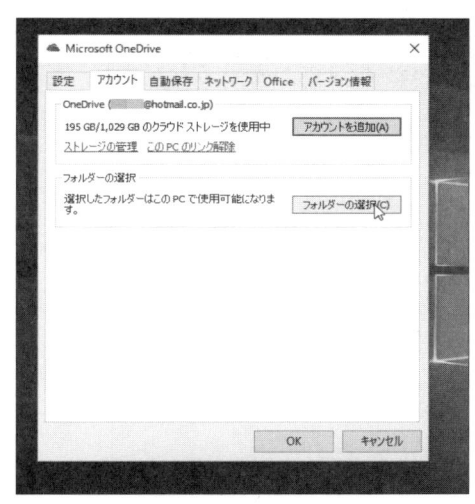

設定画面が開いたら、上の
タブで「アカウント」をク
リックする。さらに、「フォ
ルダーの選択」をクリック
する。

OneDrive の容量に余裕が
あるなら、「すべてのファイ
ルを使用できるようにしま
す」にチェックする。余裕
がないなら、画面下の一覧
から同期するフォルダを選
ぶ。これにより、このフォ
ルダ内のファイルが更新さ
れた時点で、クラウドスト
レージにもバックアップが
自動でなされる。

ジバラ度check 8
書類作成・
整理を極める編②

? 設問コーナー

次の各問いに対して、自分の対応に最も近いものをそれぞれ選択肢
A～Cの中から選び、右下解答欄上段に記号、下段に点数を記入せよ。

no.43

せっかく作った書類をつい、持っていくのを忘れがち。対策は?

Ⓐ 完成したら即、カバンに入れるから大丈夫。
Ⓑ 先方に事前にメールで送付するから、問題なし。
Ⓒ 忘れたら、コンビニで印刷すればいい!

Ⓐ3点 **Ⓑ**3点 **Ⓒ**5点

no.44

パソコン上での書類探しに、やたらと時間をかけてない?

Ⓐ 検索には自信があるから、余裕～。
Ⓑ さっさとあきらめるので、時間はかからない。
Ⓒ フォルダに分けているのに、なぜか見つからず、
すごく時間をかけてしまうことがある。

Ⓐ5点 **Ⓑ**0点 **Ⓒ**2点

no.45

ファイルがたくさんある時、どうやって確認している?

Ⓐ 片っ端から、どんどん開いてみる。
Ⓑ プレビューを活用して、手間暇かけずに確認。
Ⓒ ファイル名でだいたいわかるし、トランプ遊びの「神経衰弱」が得
意だから問題なし。

Ⓐ0点 **Ⓑ**5点 **Ⓒ**2点

no.46

紙の書類が、大量にたまってない?

Ⓐ スキャンするそばから捨てているので、大丈夫。
Ⓑ 〈ファイリングの鬼〉と呼ばれるくらい、整理上手。
Ⓒ 困っているけど、今さら怖くて捨てられない。

Ⓐ5点 Ⓑ2点 Ⓒ0点

no.47

まだ、手書きのノートを使っている?

Ⓐ デジタルツールより手っ取り早いし便利なんだから、ほっといて。
Ⓑ デジタルでの手書きに移行した。
Ⓒ 書きやすいペンや好みのデザインのノートを手に入れると、
　テンションアゲアゲ。

Ⓐ0点 Ⓑ5点 Ⓒ0点

no.48

ちょっとした集計。いつも、何を使って計算する?

Ⓐ 机の上に、100均で買った電卓を常備。
Ⓑ なるべくExcelで計算している。
Ⓒ スマホの電卓アプリを愛用中。

Ⓐ0点 Ⓑ4点 Ⓒ5点

no.43〜48までの点数の合計点を計算して、「合計」欄に記入する。

解答欄	43	44	45	46	47	48	合計
	点	点	点	点	点	点	点

さあ、あなたの〈ジバラ度〉の判定は?　➡

あなたのジバラ度は……

25点以上：ジバラ度100%

この設問で 25 点以上取れるとは素晴らしい。それでも、手書きのノートを使っているなら、no.47 を参考に、デジタルの手書きに乗り換えよう。はじめはちょっと面倒だろうし、対応機器を買うのにコストがかかるが、書類をすべて保存できるのは、あなたレベルなら嬉しいと思えるはず。

20 〜 24点：ジバラ度70%

合格だが、安心するのはまだ早い。まだ紙の書類をデジタル化していないなら、今すぐドキュメントスキャナーを買おう。20 点以上取れているあなたなら、「買って良かった」と思うこと請け合いだ。

15 〜 19点：ジバラ度50%

書類作りもファイル整理も人並以上なのにこんな点数って……などと思っているあなた、このカテゴリの技術進化は速い。置いていかれないように本書で情報集めを！

10 〜 14点：ジバラ度30%

ファイル探しにかけている時間は、すべてムダと知ろう。見つかってホッとしているようでは完全に失格だ。探す時間を 3 分以内にするように、no.44 と no.45 の「解答と解説」に付箋を立てた本書と砂時計をいつも側に置こう！

3 〜 9点：ジバラ度0%

一見わからないから安心しているかもしれないが、あなたのパソコンはゴミ屋敷みたいに散らかっている。立ち退き・解体を求められる前に、1 つでもいいからジバラ努力を開始！

なぜ、こういう判定になるのか、次ページからの「解答と解説」へ GO!

! 解答と解説

‖ 書類を忘れてパニクる自分に、サヨウナラ

no.43　　　　　　　　　　　　　Ⓐ3点 Ⓑ3点 Ⓒ5点

せっかく作った書類をつい、持っていくのを忘れがち。対策は？

Ⓐ 完成したら即、カバンに入れるから大丈夫。

Ⓑ 先方に事前にメールで送付するから、問題なし。

Ⓒ 忘れたら、コンビニで印刷すればいい！

せっかく作成した書類をうっかり会社に置き忘れる――たまにあることだろう。恥ずかしい話だが、僕にもある。書類が完成して喜んで印刷し、クリアファイルに入れるのだが、それを机の上に忘れてしまった経験もある。

こんな切ない置き忘れを防止するには、どうしたらいいだろうか？　**僕のように自分が信じられないなら、置き忘れることを前提に、万一忘れてもどうにかできる対策を練っておくほうがいいのかもしれない**のだが、さて、あなたはどうしている？

「完成したら即、カバンに入れるから大丈夫。」というＡは、なかなか良い方法だ。これで〈うっかり忘れ〉の半分は防止できるだろう。だが、完成した書類の印刷を忘れたり、せっかく印刷したのにプリンタに取りに行くのを忘れたりすることもある。笑いごとではなく、本当に多忙な時にこそ、そんなことが起こりがち

なのだ。印刷している最中に急ぎの電話が鳴り、そのままいろいろなタスクを片付けているうちに時間が来て外出、気づいたら出先で配る書類を忘れていた——こんな経験があるのは、僕だけではないだろう。

　書類が完成したら「先方に事前にメールで送付するから、問題なし。」というＢも、悪くはない。打ち合わせの前に事前に書類を送っておけば、あらかじめ読んでおいてもらって、話し合う内容を考えておいてもらうこともできる。
　良い方法にはちがいないのだが、先方に印刷を頼むのも失礼な話だ。また、金額を伴う商談で、きちんと説明してから費用を伝えたいようなケースでは、事前に書類を送るのはナンセンスだ。結局、資料を事前に送るのは、〈うっかり忘れ〉防止というより、打ち合わせの内容次第の次善の策なのだ。

　ジバラ的には、「忘れたら、コンビニで印刷すればいい！」というＣが正解。忘れることを前提として、対処方法を考えておく、そしてそれを習慣化しておくのが最良の策だ。
　一昔前はコンビニで印刷するために、USB メモリなどにファイルを入れておく必要があったので、なかなか不便だったが、最近はスマホからも利用可能だ。
　本書では、セブンイレブンで OneDrive に保存してある書類をスマホから印刷する方法を紹介しよう。この手順を覚えておけば、パソコンを持ち歩いていなくても書類を印刷できる。簡単なので、〈うっかり忘れ〉常習犯はもちろん、とっさの時に使えるように外での打ち合わせの多い方には、ぜひ覚えておいてほしいジバラ・テクだ。くわしくは、236 〜 240 ページで。

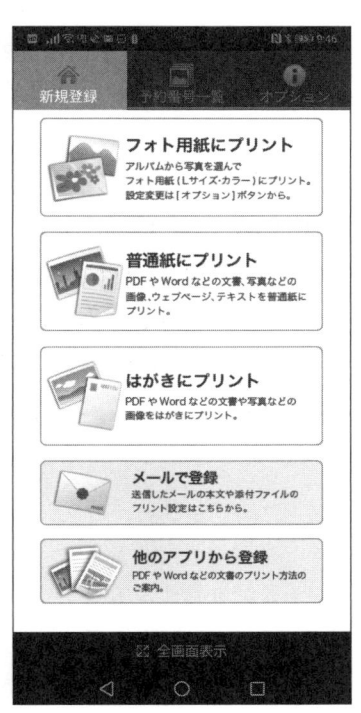

スマホを利用してセブンイレブンで
ネットストレージに保存した文書を印
刷する。

「普通紙にプリント」で Word などの書
類も印刷できる。

しまった！わすれた！

コンビニ どこ？

これで、〈ファイル探しの達人〉免許皆伝！

パソコン上での書類探しに、やたらと時間をかけてない？

🅐 検索には自信があるから、余裕～。

🅑 さっさとあきらめるので、時間はかからない。

🅒 フォルダに分けているのに、なぜか見つからず、
すごく時間をかけてしまうことがある。

　パソコンにたまったファイルの中から必要なモノを、どうやって探し出しているだろうか？　ファイルの整理は、フォルダで分けるしかない。ただし、フォルダは3階層までにすること。あまりにも階層を深くすると、見つけにくくなるからだ。

　大量のファイルから目的の書類を見つけ出すには、検索かソート（並べ替え）を使うのが早い。とは言え、**普通に検索したりソートしたりしても見つからないことがあるのだが、そこからが腕の見せどころ。**あなたは、何か工夫しているか？

　「検索には自信があるから、余裕～。」というＡが正解。ファイルを探すには、検索や並べ替えの機能を熟知しておいて、利用するのが近道だ。

　パソコンの機能などあまり知らなくても仕事では困らないという方も少なくないが、ことファイル探しだけは絶対に習熟しておいてほしい。時間が大幅に短縮できるからだ。また、ファイル探しが下手だと、保存されているファイルが見つけ出せずに結局、書類を作り直すなど、大きなタイムロスを生みかねない。

「さっさとあきらめるので、時間はかからない。」と、努力を放棄しているBは完全に失格だ。**個人でできる効率化の最たるものが、ファイル管理だからだ。すぐにファイルを見つける人と5分かかる人とを比べると、1年間の差は数時間、いや数10時間に及ぶ。**例えば書類作成なら、時間がかかったとしても、いろいろと学ぶことがあり、ある程度はスキルアップにもつながる。だが資料を探している時間は、完全なムダでしかない。

「フォルダに分けているのに、なぜか見つからず、すごく時間をかけてしまうことがある。」というCは、まあ当然と言えば当然だ。片っ端から「マイドキュメント」に保存していたのでは、見つけ出すのが大変すぎる。ただ、仕分けしたはずのフォルダの中に目的のファイルが見つからないことも少なくない。

その理由は大きく分けて2つだ。

まず、そもそもの保存場所が間違っているケース。これは、「マイドキュメント」などファイルを保存していそうなフォルダをまとめて検索することで解消できる。2つめのケース、ファイル名が間違っている場合は、ファイルの種類で並べ替えれば一覧性が高くなるので、見つかる可能性が高まるはずだ。ファイルを作った日時を大まかに思い出すだけでも、ずいぶん違う。並べ替えのテクニックは241〜242ページで紹介する。

なお、ファイル探しでは、ファイル名で検索する必要はない。WordやExcel、PowerPointなどは、ファイルの中に入力したテキストをトリガーにして検索できる。

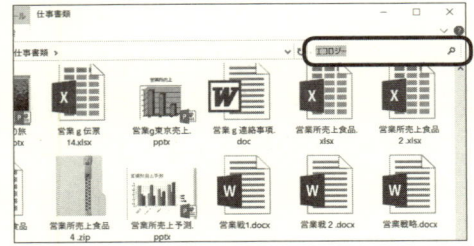

ファイルを検索するには、「エクスプローラー」の右上の「検索ボックス」（画像内囲み部分）に、ファイル名や書類の中に含まれると思われる文字列を入力する。

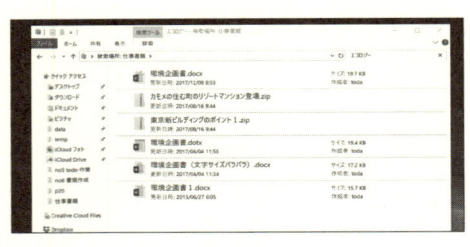

ここでは、ファイル名には含まれないが、書類にその文字列を含むファイルがヒットした。

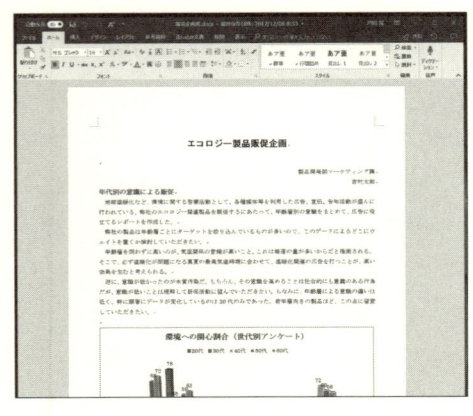

ファイルを開くと、目的の書類だった。探す範囲を広くすれば、ファイル名や保存フォルダを間違えても、この方法でファイルを探せるのだ。

ファイルの中身を一望できる〈神の眼〉テク

no.45　　　　　　　　　Ⓐ0点　Ⓑ5点　Ⓒ2点

ファイルがたくさんある時、どうやって確認している？

Ⓐ 片っ端から、どんどん開いてみる。

Ⓑ プレビューを活用して、手間暇かけずに確認。

Ⓒ ファイル名でだいたいわかるし、トランプ遊びの
「神経衰弱」が得意だから問題なし。

　前の no.44 と関連するのが、この項だ。ファイルがたくさん並んでいる時、順次中身を確認したくなることがある。でも、片っ端からダブルクリックで開いていると、かなり時間がかかってしまう。低スペックのパソコンだと、フリーズすることもある。では、探しているファイルが絞り込めずに、ファイルの中身をどんどんチェックしていきたい時に、あなたはどうしているだろうか？

　すでにダメ出しをしたが、Ａの「片っ端から、どんどん開いてみる。」は、完全に０点だ。効率が悪いこと、この上ない。

　正解はＢ「プレビューを活用して、手間暇かけずに確認。」で、ファイルの中身をプレビューする機能を使うことだ。すべてを見晴らせる〈神の眼〉のような便利さがある、これは実は、Windows の標準機能なので、誰でも簡単に利用できる。

　「エクスプローラー」を開いた状態で「Alt＋P」を押すだけで、ファイルの中身をフォルダの右脇でプレビューしていけるのだ。

対応している書類は多く、Word や Excel、PowerPoint、PDF などでも、ファイルを開くことなく、ファイルを一度クリックしていくだけで中身を見ていけるのだ。

Cの「ファイル名でだいたいわかるし、トランプ遊びの『神経衰弱』が得意だから問題なし。」は素晴らしいが、やはりBのほうが確実だ。お手つきしていては、時間がもったいない。

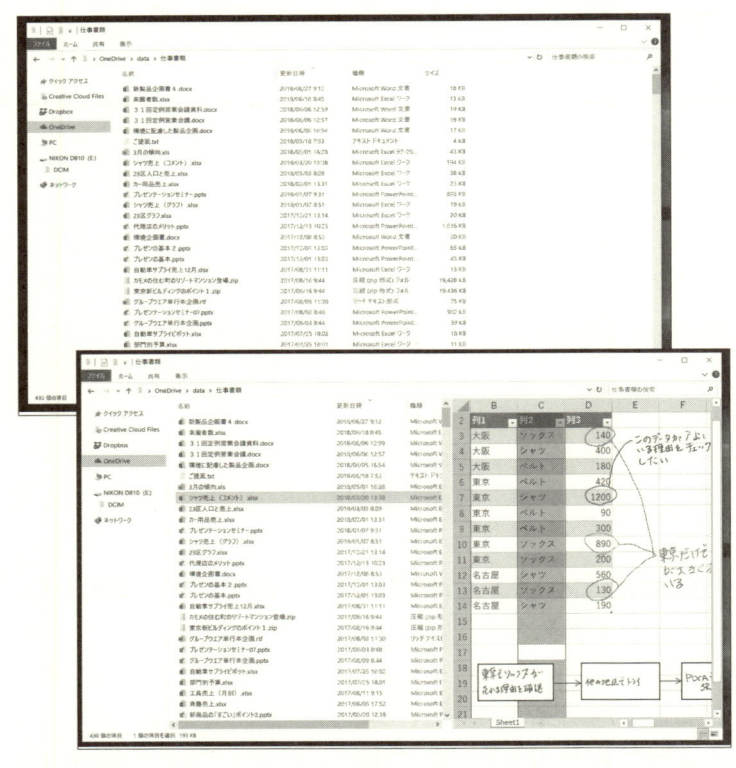

フォルダを開いたら、「Alt ＋ P」を押してみよう。選択したファイルの中身が次々とプレビューしていける。いちいち開くより高速だ。

‖ エコなジバラ術で、オフィスもスッキリ

no.46　　　　　　　**Ⓐ**5点　**Ⓑ**2点　**Ⓒ**0点

紙の書類が、大量にたまってない？

Ⓐ スキャンするそばから捨てているので、大丈夫。

Ⓑ 〈ファイリングの鬼〉と呼ばれるくらい、整理上手。

Ⓒ 困っているけど、今さら怖くて捨てられない。

　人から渡されたり自分で作ったりした紙の書類が、あなたの周りに大量にたまってはいないだろうか。一昔前には、ファイリングの技術の本が数多く出版されていた。書類の整理術本がベストセラーになったこともある。

　今でも、紙の書類を手放せず、たまりすぎて難儀している人は、少なくないだろう。自分で作成した資料なら、元データとなるファイルがあるので困らない。ところが、顧客などから受け取った紙の資料は、データがない。さて、あなたはどうやって対処しているだろうか？

　「スキャンするそばから捨てているので、大丈夫。」というＡが正解だ。紙で受け取った書類も、スキャンすればデータになる。これで、自分で作成した書類と同様に、クラウドストレージやパソコンに保存できるわけだ。

　紙はそもそも場所を取る上に、ファイリングなどの整理が必要となる。また、古くなると劣化してしまう。ところが、**データ化しておけば、一切置き場所を取ることはなく、劣化もしない。整理もフォルダ上でおこなえばよいのでとても楽だ。**

最も重要なのは、データにすると、基本的に捨てる必要がなくなることだ。紙の資料の場合は、増えすぎると、置き場所を圧迫して、結局は廃棄せざるをえなくなる。

　データ化すれば資料の量がいくら増えても、困ることはほとんどない。クラウドストレージなどの空き容量が不足しても、少しの予算で解決できる。**書類を捨てるのにはリスクがつきまとうが、データ化すればすべて保存しておくことも可能だ。おまけに、際限なく紙ゴミが増えることもなくなる。**ヤギ1頭を飼えば、コトが済むくらいのゴミの量に抑えられるようになるかもしれないエコワザとも言える。

　書類をスキャンするには、ドキュメントスキャナーを使うのが効率的だ。PFU の「ScanSnap」シリーズがオススメだが、上位モデルの iX1500 は4万8000円とちょっと高い。コストを抑えたい＆モバイル志向なら、2万2000円の iX100 でもいいだろう。
　ただし、大量の書類をスキャンするなら、必ず上位モデルを選ぶべきだ。iX1500 は、複数の書類をセットして一気に取り込めるのだが、iX100 は1枚ずつ手差しにしなければならない。効率は大違いだ。

　とりあえず試してみたいなら、スマホのアプリを使ってみよう。スマホで書類を撮影するだけでデータ化ができる。
　いろいろなアプリが出ているが、オススメは（no.22 で前述した）Microsoft の「Office Lens」だ。iPhone と Android、どちらでも利用でき、どちらでも無料だ。最大の特徴は、書き出し形式の豊富さ。取り込んだファイルは、PDF・画像・Word などのファ

イルにして保存できる。しかも、1度の作成で複数のファイル
を作って保存できるのだから便利だ。くわしい使い方は、243 ～
244 ページで紹介する。

　「〈ファイリングの鬼〉と呼ばれるくらい、整理上手。」という
Ｂは、ちょっとうらやましいが、現代ではあまり役に立たないテ
クニックだ。すでに整理されて保存済みの書類も、片っ端から
スキャンして捨てていくのが、イマドキのジバラ的に正しいあり
方だ。

　Ｃの「困っているけど、今さら怖くて捨てられない。」という
方は、そのまま放置しないで、早速対策を考えてほしい。紙の書
類がすべてなくなったら、オフィスや自分のデスク周りのスペー
スがどれだけ空くか想像してみると、実行する価値はあると思え
るはずだ。

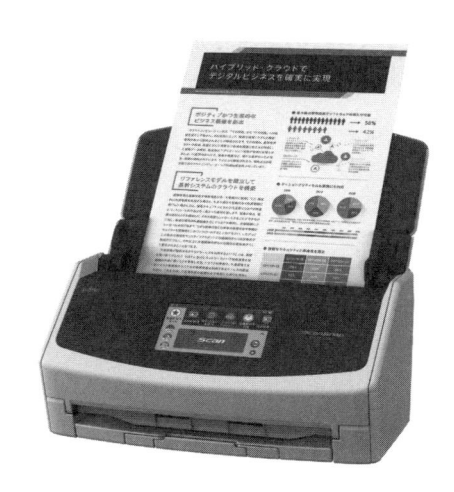

写真は ScanSnap iX1500 で、
大量の書類を短時間で読み取
れる。

〈手書き〉ツールもデジタルの時代へ

no.47

Ⓐ0点 Ⓑ5点 Ⓒ0点

まだ、手書きのノートを使っている？

Ⓐ デジタルツールより手っ取り早いし便利なんだから、
　ほっといて。

Ⓑ デジタルでの手書きに移行した。

Ⓒ 書きやすいペンや好みのデザインのノートを
　手に入れると、テンションアゲアゲ。

　ここ4〜5年ほどで、ＩＴ系の企業では、打ち合わせのメモを手書きで記録する人をほとんど見かけなくなった。僕としては「ようやく」といった感が強い。とは言え、一般の企業では、いまだにノートや手帳を持って打ち合わせに臨んでいる人をよく見かける。

　はたして、紙のノートは使うべきなのだろうか？　じっくりと考えてから、仕事の記録に紙を本当に使うべきか判断してほしい。効率アップには、デジタルでの記録と紙でのそれと、どちらが良いか本気で考えてみてはどうか？

　「デジタルツールより手っ取り早いし便利なんだから、ほっといて。」というＡ。よく聞く言い訳だが、こんな考えがアナログからデジタルへの移行を妨げている。

　紙のノートは、確かに書きやすい。文字を書くだけでなく、図や矢印なども簡単に書ける。強調したければ丸で囲めばよいし、吹き出しを付けて情報を加えるのも簡単だ。

　打ち合わせなどのメモをパソコンで記録しようと思うと、このあたりが思うに任せない。文字を丸で囲むだけでも、手書きに比べると手順が多くて、面倒に感じてしまう。しかも、手書きは長年やり慣れている。だから、デジタルへの移行で効率が下がってしまうという意識が強くあるのもわかる。

　しかし、**紙のノートの使いづらさや危険性を理解したら、どうだろうか？**　紙のノートは1冊書き終えたら、次を用意しなければいけない。2年前、3年前の記録を見返すのは大変だ。しかも、検索もできないので、過去の記録から必要な情報を探しづらい。

　それに、手元にノートそのものがないと記録が読めない。会社に置き忘れたら、出先で内容を確認するのは無理だ。

　また、万が一落としたりカバンごと置き忘れたりしたら、重要な情報がだだ漏れになってしまう。パソコンやスマホならロックがかかっているので、簡単には見られないのに、だ。

　正解は、Bの「デジタルでの手書きに移行した。」だ。最近は、iPadやWindowsパソコン上で、気軽に手書きができるように進化してきている。専用のペンで筆記すると、〈紙＋ペン〉に近い書きやすさとなる。もちろん、文字に丸をつけたり、注釈や吹き出しを加えたりするのも簡単で、紙のノートと変わることがない。

　紙より優れているのは、好きな色やペンの太さが自在に使えることや、写真の貼りつけにも対応できることだ。目の前にある商品や資料などを撮影して貼りつけてコメントを書き込むのも、朝飯前。これを紙でやろうとしたら、とても大変だろう。

　さらに、デジタルの良さである、ファイルの共有やデバイスを問わない使い勝手も実現する。同じアプリ内なら、パソコンやスマホでノートを共有できるので、どれかを置き忘れても内容の確

認は可能だ。**プライベートでスマホ1つを持って出かけている際に、急きょ問い合わせを受けても、クラウドストレージ上のノートを開いて返信できるわけだ。**

　基本的にはページ数は関係ないので、何年分のノートでも問題なく運用できる。パソコンを買い換えても、引き継いで使える。フォルダによる分類や検索にも対応するので、情報探しも楽だ。

　また、置き忘れや紛失をした場合にも、パソコンやスマホなら遠隔操作でロックしたり、最悪、内容を消したりすることだってできる。**紙よりも、はるかに安全だ。**納得してもらえただろうか？

　オススメのアプリやくわしい使い方は、245 〜 247 ページで紹介する。

　「書きやすいペンや好みのデザインのノートを手に入れると、テンションアゲアゲ。」というＣの気持ちは、よくわかる。僕自身も昔は万年筆をコレクションして、書き味に関する記事も執筆していた。

　確かに、書きやすいペンと紙は、筆記が進む。それでも、デジタルの利便性にはまったくかなわない。もちろん個人の日記や手紙なら、お気に入りの万年筆とノートを使うのもよいだろう。

書類も減って、こんなことにも
ならなくなる…かな？

電卓はもはや〈無用の害物〉って知ってた？

no.48　　　　　　　　Ⓐ0点 Ⓑ4点 Ⓒ5点

ちょっとした集計。いつも、何を使って計算する？

Ⓐ 机の上に、100均で買った電卓を常備。

Ⓑ なるべくExcelで計算している。

Ⓒ スマホの電卓アプリを愛用中。

　電卓を机の上に置いている人は多い。もちろん、お客様と発注書を書きながら商談するようなケースなら、電卓を使ってもよいだろう。だが、**電卓には致命的な欠点があることをご存じだろうか？**

　電卓は、行数の多い計算をする時に、前に入力した数値が見られないのだ。結果が正しいかどうかを判断するには、「確かめ算」をするのが普通だ。もし、計算結果を見て「桁が違う！」などといった明らかなミスを犯していたことに気づいた場合には、すべてを消して、最初からやり直しになる。

　こんなIT全盛の時代に、半世紀近く前に発明された、実にアナログな機器である電卓をまだ使い続けるのは、ジバラ的には失格。

　だから、「机の上に、100均で買った電卓を常備。」というAはもう、言うまでもなく古すぎる。電卓は激安価格で買えるので、気軽に机の上に置いている人も多いのだが、もう使うのはやめたほうがいい。**計算ミスの元凶になりかねないからだ。**

「なるべく Excel で計算している。」という B は、ほぼ合格だ。Excel では、数値を入力して並べておくだけで、関数を使って簡単に合計計算などができる。Excel 上に入力しておけば、タイプミスも簡単に見つかるので、電卓よりもはるかに安心して使える。

ただ問題は、パソコンが必要なことだ。パソコンが手元にない移動先や、あるいは打ち合わせ中などに、行数・桁数の多い計算をしなければならない時には役に立たない。また、実際の在庫を見ながら集計していくような現場作業では、やっぱりパソコンは使いづらいものだ。

ということで、正解は C の「スマホの電卓アプリを愛用中。」だ。 スマホでは、多くの電卓アプリがリリースされている。その中から、**履歴を表示できて、かつ修正もできるモノがオススメだ。** そんな電卓アプリなら、タイプミスをしても簡単にチェックできるし、途中の数値を変更して計算をやり直せる。いちいち全部打ち直さなくてもよいのだ。

しかも、スマホならサイズは電卓とほぼ同じだ。出先でも気軽に使える上に、画面のキーをタッチすればよいので、電卓感覚で利用できる。

条件を満たすアプリは少なくないが、探すのが面倒な人には、Android なら「電卓かるぞう　Free」をオススメする。iPhone なら「計算機＋式が見える電卓」を使うとよいだろう。

とりあえず利用してみて便利さを実感できたら、自分にマッチするモノを探してみるのも楽しいかもしれない。くわしい使い方は、248 〜 249 ページで紹介する。

Android 向けの電卓アプリ「電卓かる
ぞう Free」を利用すれば、計算のプロ
セスが見え、タイプミスもチェックで
きる。もし間違えても、その数値だけ
を修正すればよいのだ。

ほほう、こりゃ便利だわ！

→no.43 コンビニで書類を印刷する方法

　スマホを利用して、セブンイレブンで印刷する方法を紹介する。クラウドストレージ（OneDrive等）に保存したファイルを印刷できれば、会社に忘れてきた書類もスマホから印刷できるのだ。ここでは、Android での操作画面を掲載するが、iPhone でも同様に操作できる。また、他のコンビニでも書類の印刷が可能な店舗があるので、利用するお店が決まっているなら、あらかじめ調べておくとよいだろう。

まずは、
イ・ン・ス・ト・ー・ル！

アプリ「netprint」をインストールする。

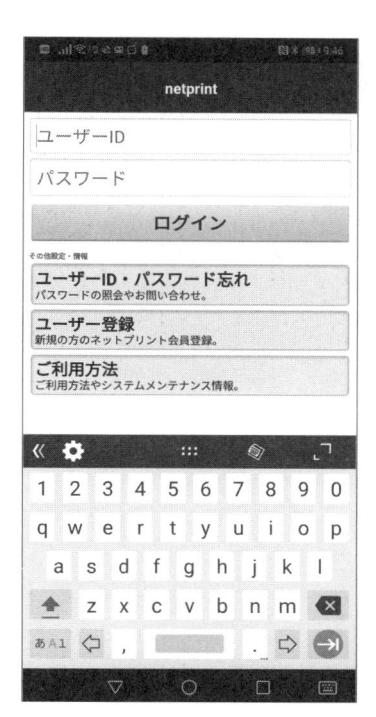

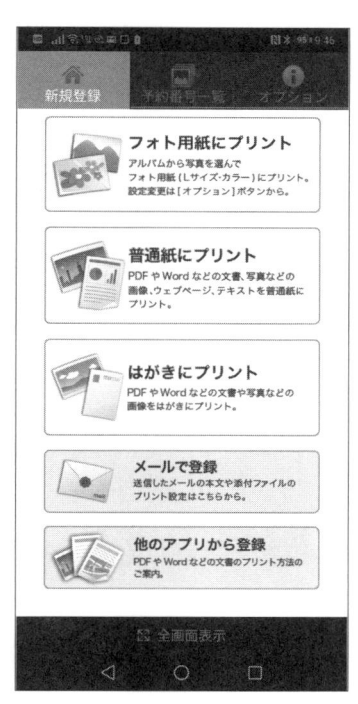

「ユーザー登録」をタップしてアカウントを作成する。いざという時のために、後回しにせず、あらかじめ作っておくことをオススメする。

印刷する用紙を選ぶ。通常の仕事の書類なら、「普通紙にプリント」を選ぶのだが、次ページ以降の準備が必要だ。

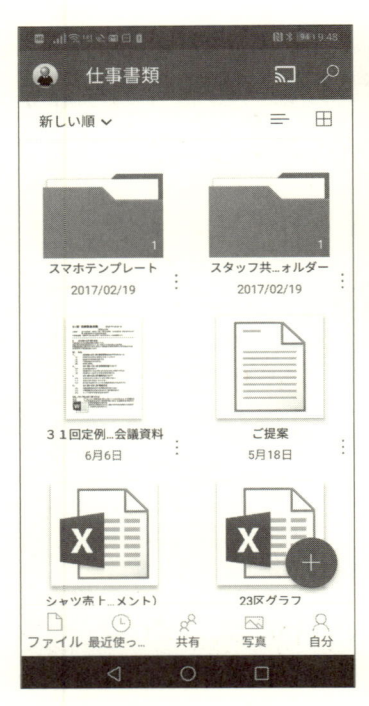

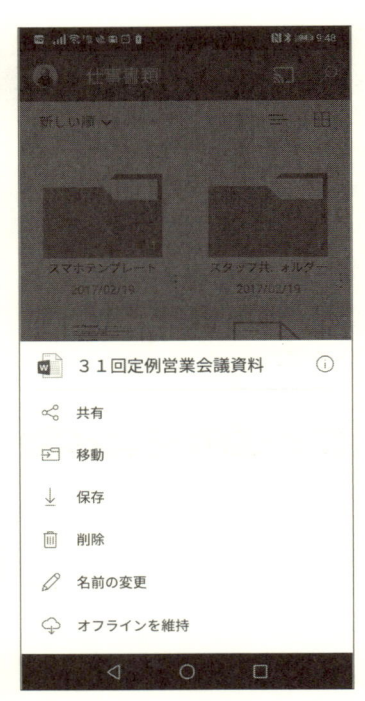

アプリを切り替えて、OneDrive を起動して該当するファイルを見つける。前もって、OneDrive のアプリもインストールして、Microsoft のアカウントでログインしておこう。

「：」をタップして、「メニュー」を開き、「保存」を選ぶ。

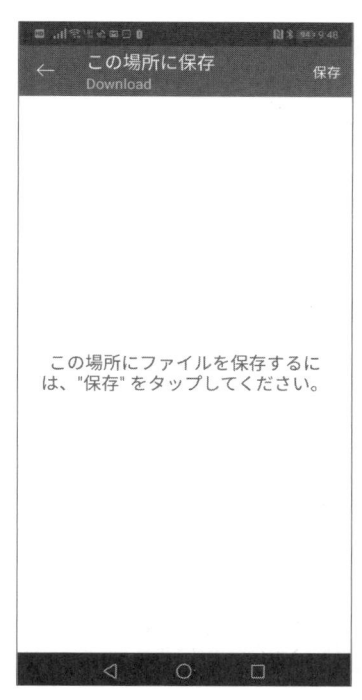

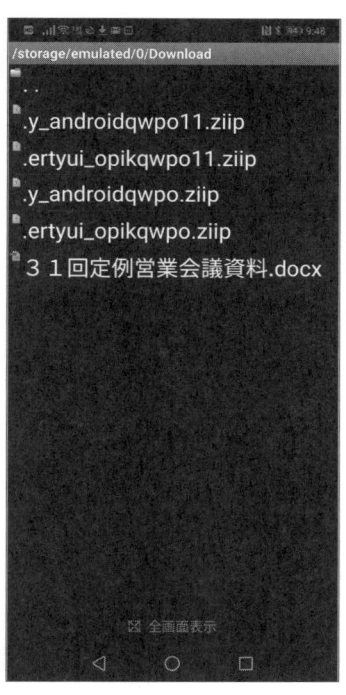

フォルダを指定してスマホ内に保存する。初期設定では「Download」フォルダに保存するようになっているので、そのまま保存しても大丈夫だ。

netprintアプリに戻り、「普通紙にプリント」→「ファイルをプリント」をタップして、Downloadフォルダ内にダウンロードしたファイルを指定する。

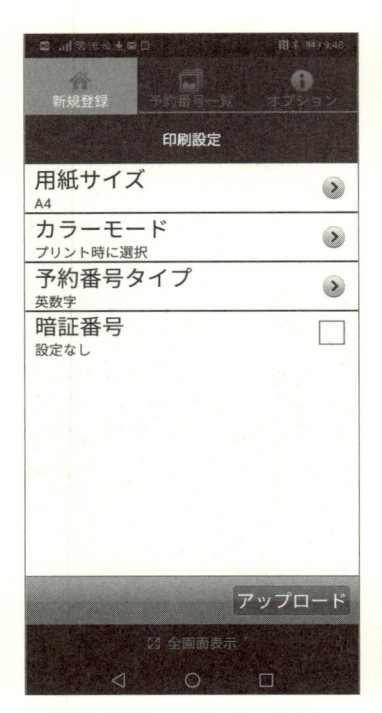

その後、用紙サイズなどを設定して、画面下部の「アップロード」ボタンを押す。

しばらく待っていると予約番号が出るので、これで作業完了。後は、コンビニのマルチコピー機に番号を入力してプリントするだけだ。支払いはコンビニのレジでできる。

→no.44 書類がすぐに見つかる並べ替えのコツ

書類がフォルダ内に大量にたまってしまうと、目的のファイルを探し出すのは難しくなるし、時間もかかりすぎる。そこでオススメなのが、上手に並べ替えて見つける方法だ。この方法を知っていると、希望の条件である程度ファイルを絞り込んでから並べ替えられるのだ。Windows 10 の機能をしっかり押さえておきたい。

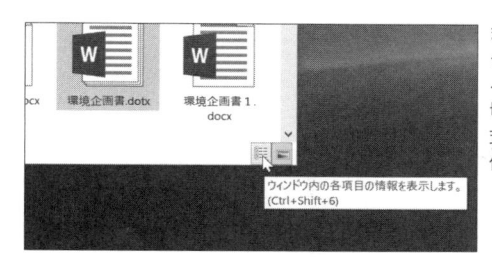

まず、フォルダの右下のボタンをクリックして、ファイルの表示をリスト形式に切り替える（元々リスト形式になっているならこの操作は不要）。

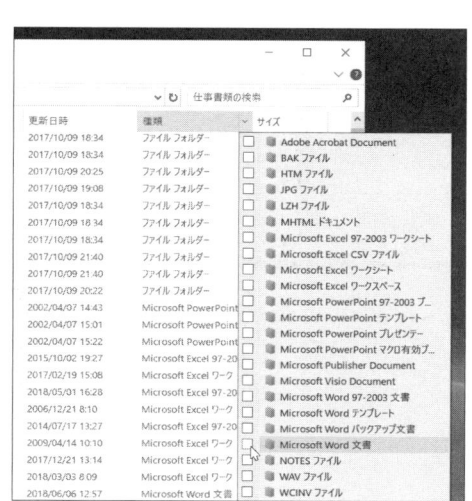

ファイルがリスト形式で並ぶので、「種類」の右の下矢印型のボタンを押して、探しているファイルの種類を選んでチェックを入れる。

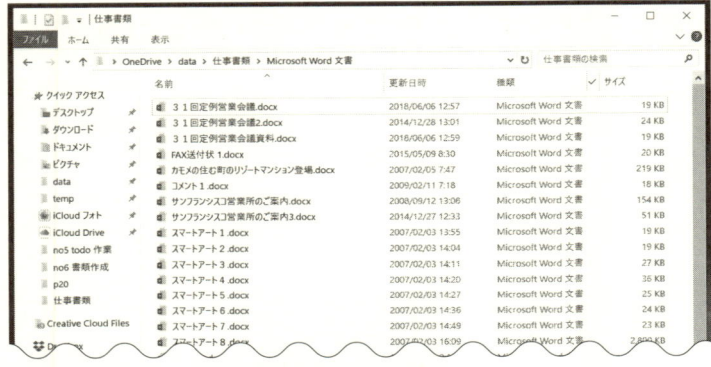

ここでは、Word のファイルだけをピックアップしてみた。

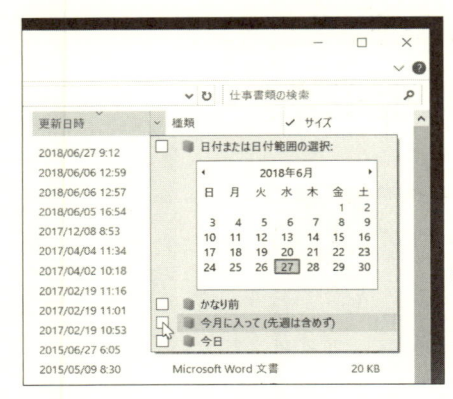

さらに、「更新日時」の右の下矢印型のボタンをクリックして、ファイルを編集保存しただいたいの時期を指定する。上のカレンダーを使うと、検索対象にする日付の幅も決められる。

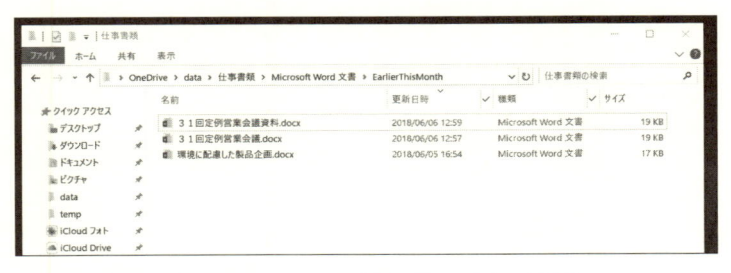

ファイルがかなり絞り込めた。これなら簡単に見つけられるだろう。
ファイル数が多い時には、一覧の項目名をクリックするだけで並び替えもできる。

→ no.46 スマホでおためし、書類スキャン法

　書類のデジタル化のために、ドキュメントスキャナーを購入する踏ん切りがつかないなら、スマホのスキャンアプリを試してみよう。なお、大量の書類をデータ化するなら、やはり作業時間が短くて済むドキュメントスキャナーを強くオススメする。逆に個人利用でスキャンの枚数が少ないなら、スマホのアプリでも十分だろう。ここでは、「Office Lens」の使い方を解説する。Android と iPhone、どちらでも使える無料アプリだ。

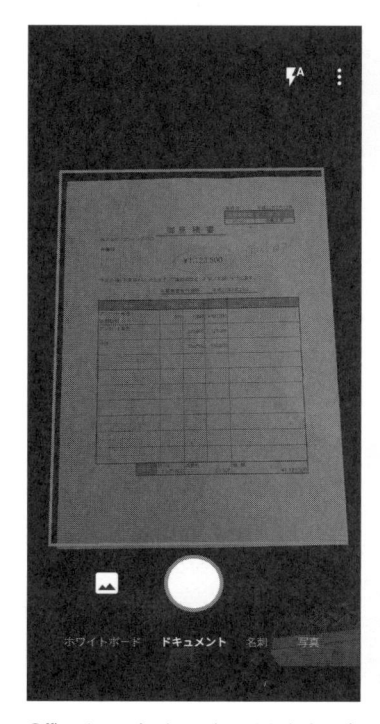

Office Lens をインストールしたら、書類を撮影する。書類の色とのコントラストが強い背景で撮るのがコツ。

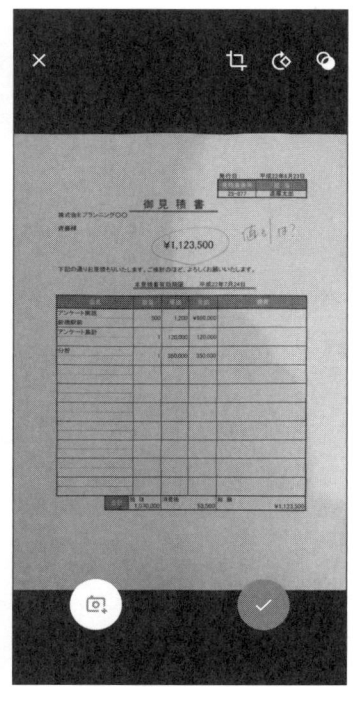

斜めから撮っても、このように真正面から撮った書類であるかのように補正してくれる。

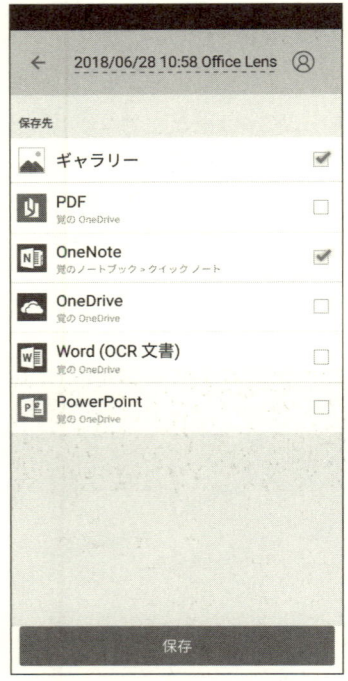

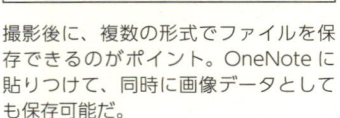

撮影後に、複数の形式でファイルを保存できるのがポイント。OneNote に貼りつけて、同時に画像データとしても保存可能だ。

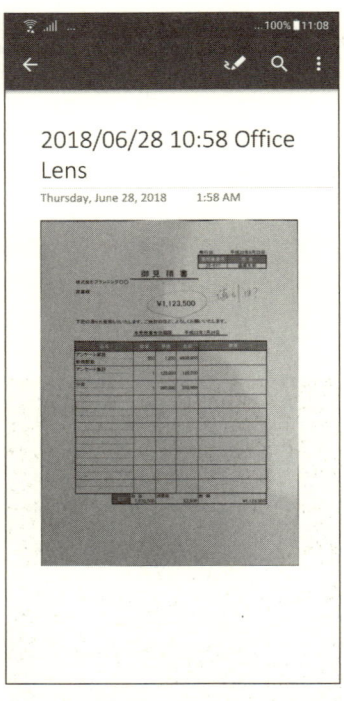

取り込んだ書類を OneNote に貼ったところ。

→no.47 〈紙＋ペン〉から デジタル手書きへのステップアップ

　ジバラを目指すなら、デジタルの手書きをぜひ活用してほしい。紙のノートとペンが好きな人にこそ、強くオススメする。

　そのためのアプリはいろいろあるのだが、オススメは（再三登場の）OneNote と MetaMoji Note だ。前者は完全無料で使えるので、試しに使ってみるには良いだろう。MetaMoji Note のほうが、録音と手書きを同期したり、手書きをテキストデータ化する機能を搭載したりするなど、機能が優れているので、使い込むならこちらがオススメだ。

　デジタルの手書きは、iPad Pro や Windows パソコンの 2 in 1 モデルなど、専用のペンがついているモデルを使うと、気持ち良く書ける。ペン先がボールペンのように細いので、緻密な筆記も可能だ。専用のペンがつかない機器なら、市販のスタイラスペンを組み合わせて使うのでもいいだろう。iPad ＋ 100 均のスタイラスでも、手書きは可能だ。しかし、Windows パソコンでは、うまく書けないケースがほとんどなので、元々対応しているパソコンをオススメする。「Surface Pro」シリーズなど、多くの機種で利用可能だ。

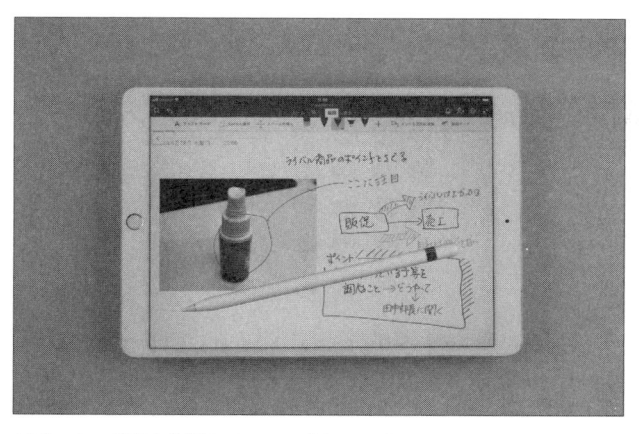

デジタルの手書きを導入すると、〈紙＋ペン〉の使いやすさに加え、大量のノートを管理しやすいというデジタルならではのメリットを実感できる。

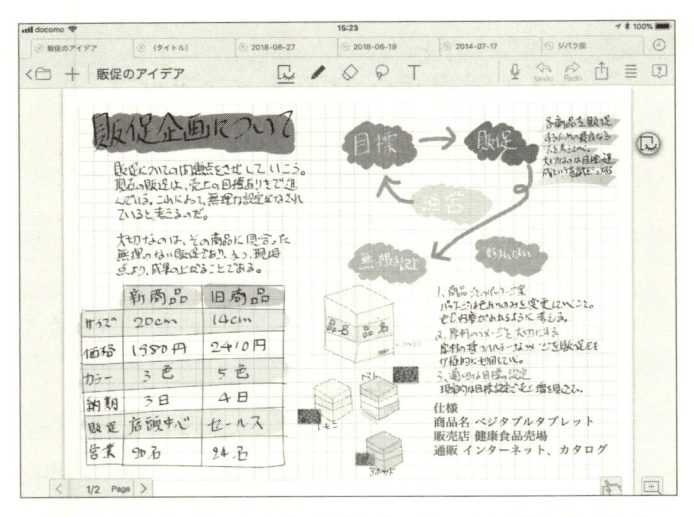

こちらは、MetaMoji Note の入力画面。OneNote より機能は優れている。

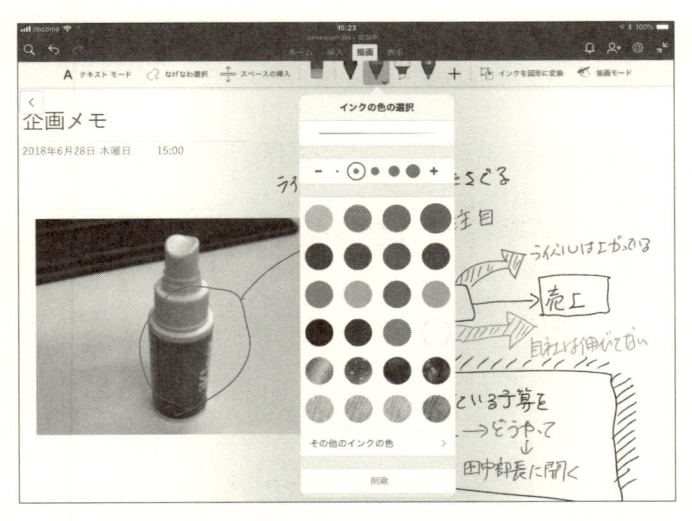

OneNote でも、ペンの色は自由に変更可能だ。〈紙＋ペン〉では色を変えるのも
大変だし、キレイに消すことすら難しいはず。

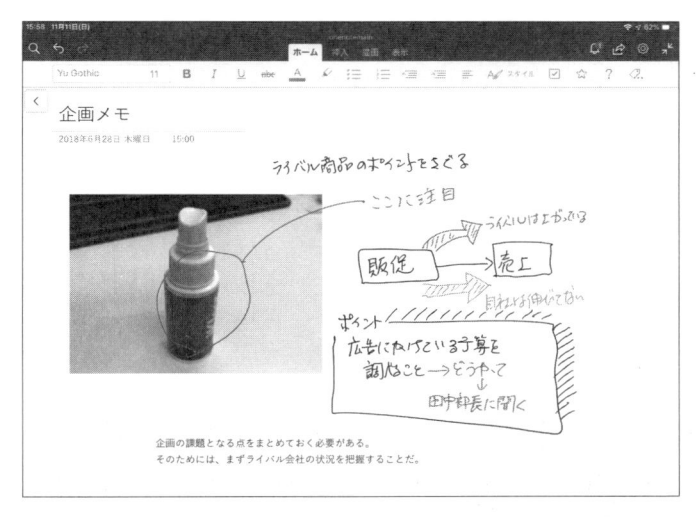

テキストと手書きの混在も可能。写真も貼りつけられるなど、情報を記録する際の自由度が格段に上がる。

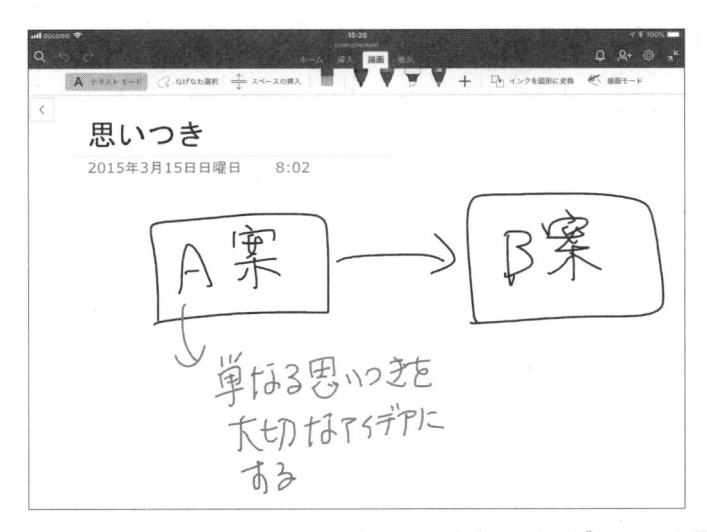

OneNote でちょっとした思いつきをノートに保存しておけば、いつでも見返せる。

→ no.48 〈確かめ算〉とサヨナラできる 電卓アプリの使い方

　ジバラ的には、物理的な電卓の使用は厳禁。タイプした数値の履歴をすぐに見られない電卓を使うのは、計算ミスの元となるからだ。

　電卓アプリを利用すれば、タイプした数値の履歴がひとめでチェックできる。つまり、見直しが簡単にできるわけだ。その上で、どこかの数値が間違っていたら、そこだけを修正できる。全部打ち直して「確かめ算」をするような面倒な作業とは、もう決別しよう。

・Android

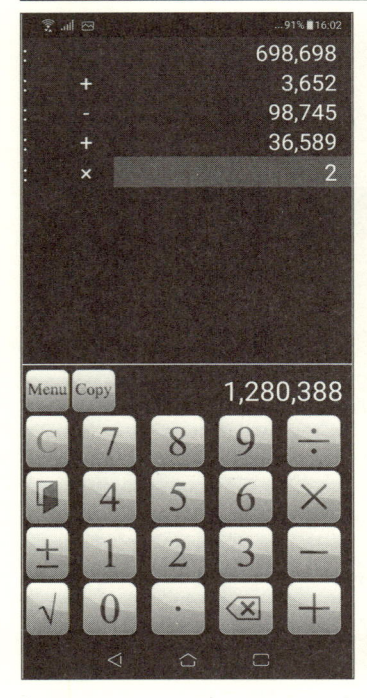

「電卓かるぞう Free」がオススメ。使い方は簡単で、数値をタイプして演算記号を押すだけで計算できる。

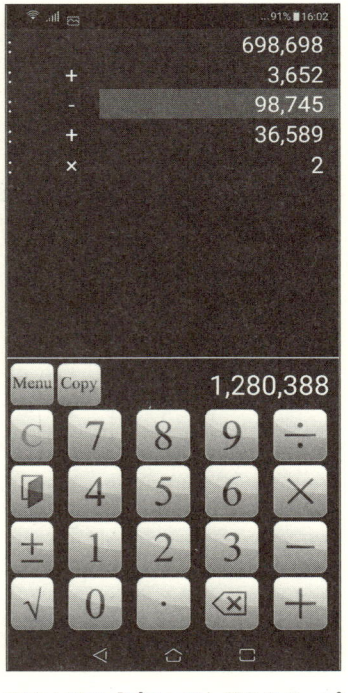

画面上部の「プロセス」部分をタップして、「戻る」ボタンを押せば、数値の修正も可能。

・iPhone

「計算機＋式が見える電卓」がオススメ。
普通に計算すると、プロセスが表示さ
れる。

タップして、直したい数値だけを修正
できる。

? 設問コーナー

次の各問いに対して、自分の対応に最も近いものをそれぞれ選択肢A〜Cの中から選び、右下解答欄上段に記号、下段に点数を記入せよ。

no.49

短時間でいいアイデアをどんどん出したい！ そんな時の発想方法は？

Ⓐ 紙にどんどん書いて、考えていく。
Ⓑ 付箋を使って、整理している。
Ⓒ 頭の中で整理するので、工夫も何もない。

Ⓐ2点 Ⓑ5点 Ⓒ0点

no.50

自分でダメ出ししたアイデア。これ、どうしよう？

Ⓐ 一度ダメならこれはダメ、と見切りをつけて振り返らない。
Ⓑ たまに思い出そうとするけど、もう出てこない。
Ⓒ せっかく絞り出したんだから記録して、見返せるようにしておく。

Ⓐ0点 Ⓑ0点 Ⓒ5点

no.51

アイデアの裏付けには欠かせないデータ。
官庁の『白書』は使っている？

Ⓐ 『白書』って高いし……コピーじゃダメ？
Ⓑ 使っているけど、うまく探せていない。
Ⓒ 役立つ『白書』がないので無視している。

Ⓐ0点 Ⓑ4点 Ⓒ1点

no.**52**

例えば「1998 年に流行った携帯」など、
過去のトレンドをサクッと知りたい時、どうする?

🅐 ネット検索して調べるので、まかせて!

🅑 どう調べたらいいのかわからないから、あきらめる。

🅒 当時が青春時代だった生き証人を捜し出して、話を聴く。

🅐 **5** 点 🅑 **1** 点 🅒 **3** 点

no.**53**

これまでに読んだ本の情報は、どう管理している?

🅐 印象に残ったものを、ノートアプリに記録している。

🅑 すべてわかるように記録しているけど、手間で……。

🅒 本はほとんど読まないので、整理するデータがないから楽勝!

🅐 **3** 点 🅑 **4** 点 🅒 **1** 点

no.**54**

Webのスクショ、どうやっている?

🅐 一般的な操作どおりに、ボタンを押して撮影している。

🅑 スクショって、何? ネコのアメショの仲間?

🅒 長いページも、全部保存している。

🅐 **2** 点 🅑 **0** 点 🅒 **5** 点

no.49 〜 54までの点数の合計点を計算して、「合計」欄に記入する。

	49	**50**	**51**	**52**	**53**	**54**	**合計**
解答欄	点	点	点	点	点	点	点

さあ、あなたの〈ジバラ度〉の判定は? ➡

あなたのジバラ度は……

25点以上：ジバラ度100%

エクセレント！　アイデアを集める力も資料の管理能力も、文句なし。これで実績も文句なしなら言うことなしだが、結果が伴っていないなら逆に大問題。プレゼン力も勉強していこう。

20〜24点：ジバラ度70%

あなたの職種によって若干判断が異なる。企画やマーケなどならギリギリ合格で、営業職や業務なら文句なしの合格点だ。check9 はとにかく役立つ小ネタが多いので、やってないものはすぐお試しあれ。

15〜19点：ジバラ度50%

アイデア出しに自信がないなら、no.49 のテクニックを他のメンバーと一緒に試してみては？　1人で3時間考えるより、2人で1時間考えるほうが、たくさんのアイデアが出るはず。

10〜14点：ジバラ度30%

何の工夫もせずにアイデアを出そうとしたり、他の人が作成したグラフやデータを流用したりして「それで十分」と考えていない？　だとしたら、甘すぎると気づいて。首のあたりに、冷たい風を感じていないか……？

2〜9点：ジバラ度0%

企画を出すにしても、情報を収集するにしても、残念なレベル。人事をつくさなければ天命をアテにすることすらできない。「あなたの頭は帽子の台」とならないよう本 check の熟読を！

なぜ、こういう判定になるのか、
次ページからの「解答と解説」へ GO!

〈個別のアイデアを統合→アイデア量産〉の発想術

no.49　　　　　　　　　Ⓐ2点 Ⓑ5点 Ⓒ0点

短時間でいいアイデアをどんどん出したい！
そんな時の発想方法は？

Ⓐ 紙にどんどん書いて、考えていく。

Ⓑ 付箋を使って、整理している。

Ⓒ 頭の中で整理するので、工夫も何もない。

　企画書を作ったり、何らかの提案をしたりする際には、新しいアイデアが求められる。僕の場合は、単行本を書いたり連載の企画を出したりする際にも、アイデアが必要になる。**もう、30年間も日々アイデアを絞り出してきて、たどり着いた結論がある。**我々が生み出すアイデアには、突拍子もないものが求められるわけではない、ということだ。

　これまでに誰も思いついたことのないようなアイデアが見つかれば、それは素晴らしい。だが、毎週のように企画や提案が求められる普通のビジネスパーソンにそれを望むのは無理がある。そんな画期的な案が出たとするなら、まさに天恵だろう。

　だが我々は、ちょっと膝を打つ程度のアイデアをひんぱんに出さなければならない。すごいものを1つより、ちょっといいものを50個出すほうが価値があったりする。つまり、**ビジネスパー**

ソンにとってのアイデアは、しばしば、〈量〉が重要なのだ。しかも、当然、できるだけ時間をかけずに生み出す必要がある。あなたは、アイデアの量に困らない発想方法をもっているだろうか?

Aの「紙にどんどん書いて、考えていく。」という方法は、かなり古典的だが、そう悪くはない。いつでもどこでも紙とペンさえあれば作業ができる。しかも、書く行為はストレスが少ない記録法なので、どんどん作業できるのだ。ただ、もう少し工夫をしないと、大量のアイデアを生み出すのは難しいだろう。

「付箋を使って、整理している。」というBが正解だ。付箋は紙に書いた文字と違って、自由に位置を動かして整理できる。これがポイントなのだ。ワンフレーズずつアイデアを大量に書いて整理することで、また別のアイデアを生み出せる。

実はまったくの新規のアイデアを見つけるのは難しく、世の中のほとんどの発想は組み合わせの産物にすぎない。既存のアイデアを整理して並べ替えることで、別の視点から新しい発想が生まれるのだ。

アイデアを付箋にどんどん書いたら、カテゴリに分けて並べ直していく。すると自分でも気づかなかった新しいカテゴリが発見でき、さらに別のアイデアを追加していける、という寸法だ。

紙のカードでも同じようなことはできるが、壁に貼りつけることなどもできる付箋のほうが、狭い室内を有効に使えるし、壁張りのほうが何かと目につきやすいという点でも優れたツールだ。

以上のやり方はアナログだが、実は、専用のアプリを使うことで、出先でも手書きの付箋を利用することが可能だ。どちらの方法もくわしくは 272 〜 277 ページで紹介する。

アイデアを頭で考えるだけで生み出そうとするのは、無理がある。スーパーアイデアを1つ見つけるなら、ウンウンと唸（うな）っているだけでもいいのかもしれない。だが、**ちょっといいアイデアを大量に出すなら、何かに書くのがベストだ**。よって、「頭の中で整理するので、工夫も何もない。」というCは失格だ。

「三人寄れば、文殊の知恵」とは言うけれど

なかなか、いいアイデアなんて出てこないから…

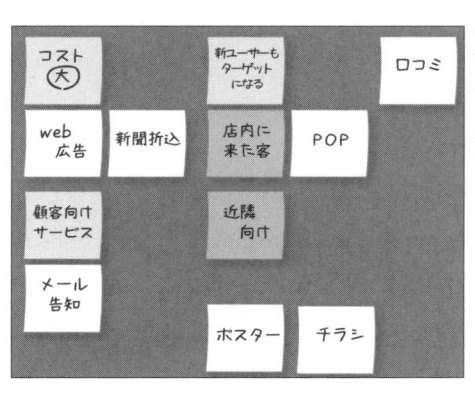

付箋に書いて、壁などに貼りつけたアイデアを並び替えるなどして整理していくことで、新しい発想がどんどん生まれる。これは販促のアイデア出しの一例。

ゴミアイデアに潜む〈お宝〉を無にするな!

NO.50　　　　　　　　　　　Ⓐ0点 Ⓑ0点 Ⓒ5点

> **自分でダメ出ししたアイデア。これ、どうしよう?**

Ⓐ 一度ダメならこれはダメ、と見切りをつけて振り返らない。

Ⓑ たまに思い出そうとするけど、もう出てこない。

Ⓒ せっかく絞り出したんだから記録して、
　見返せるようにしておく。

前項で説明したように、我々の仕事では、しばしば、ちょっとしたアイデアを複数出せることが重要となる。1つ1つは大したことがないと思えても、ちょっとしたアレンジや考え方の違いで、それが生きてくることもある。

拙著『新・あのヒット商品のナマ企画書が見たい!』など、企画書関連の書籍執筆でヒット商品を作った人々に数多く取材したが、本当の意味での新規商品などほとんどない。どれも、既存の製品や考え方のアレンジや発展形なのだ。

こうして大量のアイデアを発想していると、中にはゴミも相当数含まれてくるはずだ。その時には使えないそんなアイデアを、あなたはどのように処理しているだろうか?

「一度ダメならこれはダメ、と見切りをつけて振り返らない。」Ａは、確かに1つの考え方だ。しかし、ただ捨ててしまったらせっかく考えた時間がムダになる。

そこで、こう考えてはどうだろうか?　**ゴミと判断したアイデアは、そもそもゴミであることが重要なのだ、と。**

259ページの【図5】のように販促のアイデアを考えたとしよう。その中には「今回の販促には使えない」と思うものが多数あるはずだ。だが、**不要なものがあるからこそ必要なものが生きてくることもある。**人にアイデアを見せる際にも、不要なものも一緒に提示することで、「いや、この案も、こうすれば使えるかもしれないよ」という、新しい意見や考え方につながることもある。また、近しいことを考える場合には、すでにたまっているゴミアイデアを再利用して分類することで、役立つケースも出てくるのだ。

Bのように、ボツにしたアイデアを「たまに思い出そうとするけど、もう出てこない。」と、思うことはないだろうか？　僕はしょっちゅうある。どこかで考えたという痕跡はあるのだが、肝心なことを記録していなくて思い出せない。だから、アイデアは1つも捨ててはいけないのだ。

その時はそれをゴミだと判断しても、数週間後には新たな視点を得て、宝物に変わるかもしれない。**捨ててしまう、もしくは記録しないと、そのアイデアはなかったことになる。**せっかく知恵を絞ったのに、その時間も捨てるのと同じだ。

よって、**Cの「せっかく絞り出したんだから記録して、見返せるようにしておく。」、これが正解。**アイデアの記録の場合、ゴミと使えるものが両方あってかまわないのだ。とりあえず記録しておくと、後で使える可能性が出てきた時に役立つ。また、発想のプロセスを追いかけて、もう1度考え直す時にも重宝する。

頭の中でだけ考えて、記録しないのは最悪だ。当たり前だと思っても、とりあえず書き出す。それによって、連想を発展させる時

の途中経過として役に立つ。**ジバラでは1度出したアイデアは、何とか活用することを考えるのが正解だ。**

　発想のコツは、ヌケを埋めていくことにある。また、no.49 で紹介した付箋による発想法を利用することで、自分が思っていた以上に考えが広がり、アイデアの量が増えることも多い。なのに、当たり前の案だからと言って、書き出さないと途中が抜けてしまう。

　付箋による発想法では、線こそ引いていないが、フローチャートによる関連づけと基本的には同じことができる。しかも、フローチャートよりも簡単に動かしたりグルーピングがしやすかったりする利点がある。この点を最大限生かしてほしい。ゴミアイデアが思わぬところにつながって、今までにない発想が爆誕（ばくたん）する瞬間を逃さないように。

捨てるの、ちょっと待った！

頭の中で、捨てようとする自分を止めて、アイデア保存！

【図5】

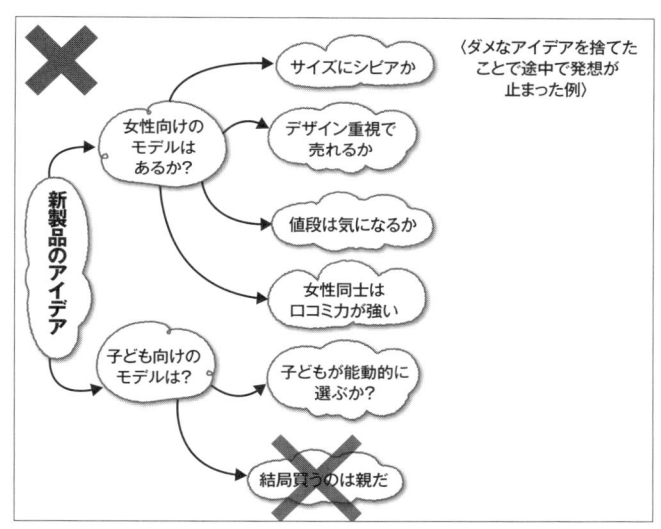

アイデアを捨てたことで、途中で発想が止まってしまった。

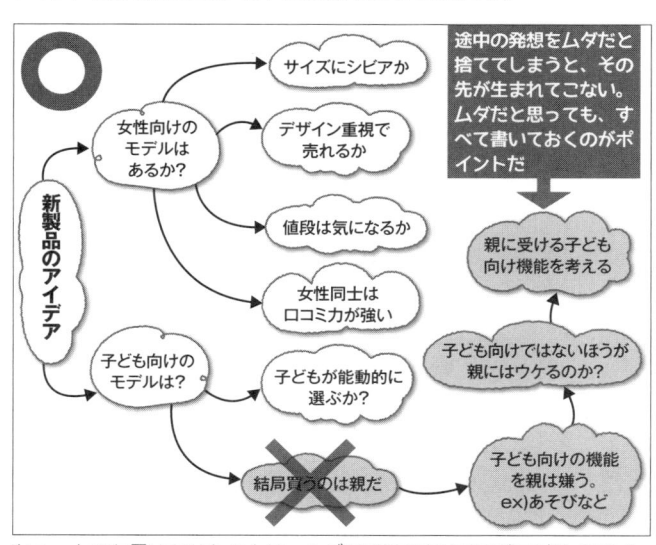

ちょっとでも思いついたことは、ムダにはならないので書き出しておく。それで、次の発想へと広がりが生まれていく。

no.51　Ⓐ0点　Ⓑ4点　Ⓒ1点

> アイデアの裏付けには欠かせないデータ。
> 官庁の『白書』は使っている？

Ⓐ 『白書』って高いし……コピーじゃダメ？
Ⓑ 使っているけど、うまく探せていない。
Ⓒ 役立つ『白書』がないので無視している。

　企画書やプレゼンのスライドでは、説得力のあるデータの裏付けが必要だ。例えば、「最近は人口が減っていると言われるが……」と書くのなら、説得力のあるグラフを1枚入れておくほうがよい。誰でもが知っていそうなことでも、詳細なデータを見せられると、よりリアルに実感でき、「よく調べてあるな、これは信用できるな」と資料全体の説得力が増すからだ。また、「確かに話には聞いていたけれど、こんなに減るのか」と視覚的に把握できるメリットもある。

　あらゆる情報の数値やグラフを入れるのは難しいとしても、広く社会的に知られている情報は数値が取りやすいもの。特に、公共機関の『白書』で提示されている情報は、基本的には無料で利用可能なので扱いやすい。あなたは使いこなしているだろうか？

　Aの「『白書』って高いし……コピーじゃダメ？」という解答は、発想があまりにも古すぎる。確かに、20年以上前には、書籍化された『白書』を購入してデータを調べるのが普通だった。そして、『白書』はそれなりに高かった。目的の資料があるかどうか

わからない図書館で探すのもこれまた大変だった。

　ところが、いまや、『白書』はインターネット上に公開されているので、希望する情報が比較的簡単に見つけられる。しかも、**紙の『白書』とは違ってデータがExcel形式などで提供されているので、使い回しが効率的にでき、ジバラ度が非常に高い。**

　「使っているけど、うまく探せていない。」というBが、探し方のコツさえ今後おさえられれば合格だ。 まず、『白書』は国だけが出している、と思うのが間違っている。実際には、都道府県・市区町村がそれぞれ、ほとんど『白書』を出しているので、自分のビジネスに合致した情報をネット上で探して利用しよう。

　例えば、人口を調べる際には「日本　人口　白書」「東京都　人口　白書」「大田区　人口　白書」などで検索すると『白書』に行き当たる。さらに、グラフを利用したいなら、画像検索を使うとよい。自分でデータを加工したいなら、Excelのデータを見つけるのが早いだろう。もちろん、**『白書』ごとに「出典を明記せよ」など、引用する際の条件が決まっているので、調べてから利用すること。** くわしくは278〜280ページで紹介する。

　「役立つ『白書』がないので無視している。」というCは、ジバラ的には失格だ。**ちょっと姑息な手段だが、自分が言いたいことの範囲を広げると、『白書』はかなりの確率で我田引水的に利用できるはずだ。**

　例えば「主婦向けの製品」をプレゼンしたいなら、「主婦は忙しい」と仮定して、厚生労働省の「働く女性の実情」のデータを調査してみると使えるデータが見つかるかもしれない。このように発想を転換しつつ、『白書』を活用するのだ。

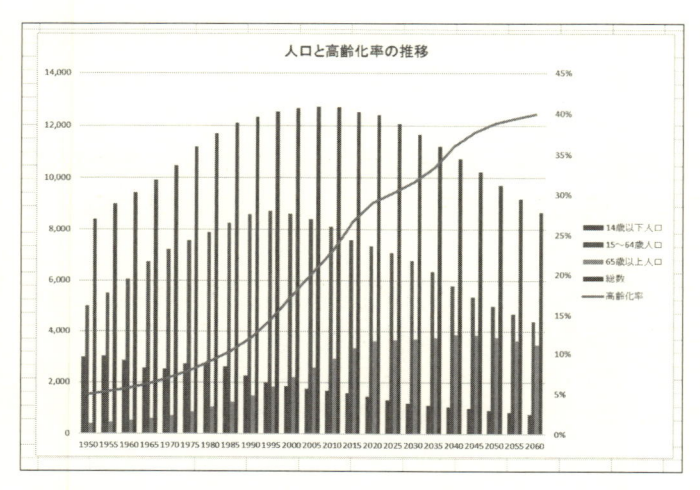

総務省の Web ページのデータを加工した人口統計のグラフ。こんなグラフはネット上で簡単に見つけられる。

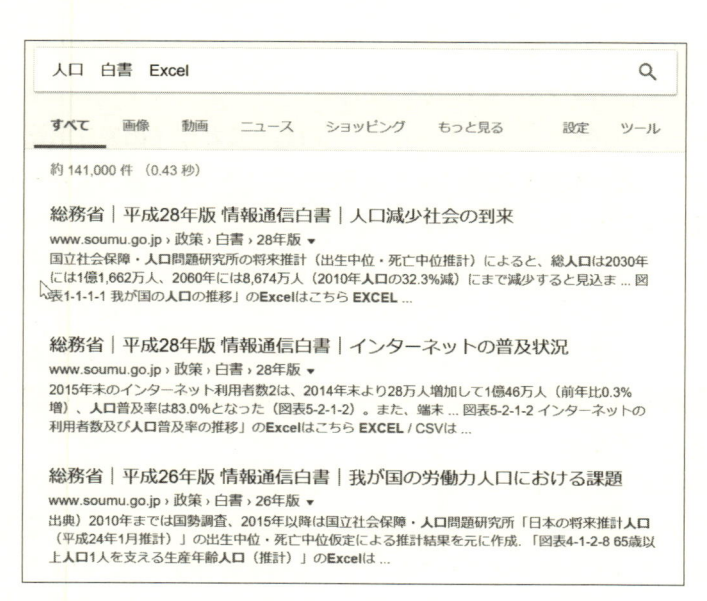

総務省の Web ページには Excel のデータがアップロードされている。

▌ジバラ的〈過去のトレンド〉ネット検索の奥義

no.52　　　　　　　　　🅐5点 🅑1点 🅒3点

> 例えば「1998年に流行った携帯」など、
> 過去のトレンドをサクッと知りたい時、どうする？

🅐 ネット検索して調べるので、まかせて!

🅑 どう調べたらいいのかわからないから、あきらめる。

🅒 当時が青春時代だった生き証人を捜し出して、話を聴く。

　企画書やプレゼンのスライドでは、「10年前は○○でした」「5年程前までは××だったと考えると、大きく進化したものです」といった記載をよく目にする。何となく同意を得たいということはわかるし、言っていることは、確かに合っていると思う。だが、実際に写真など具体例を見せてもらわないと、心からの納得はできない。

　また、アイデア出しのために、自分自身で「20年前は、どんなガラケーを使っていたのだろう？」「昭和の車の形は、どんなデザインだったか」などと、考えることも少なくない。そんな、過去のトレンドを探したい時には、あなたはどうしている？

　「ネット検索して調べるので、まかせて!」というＡが正解だ。
ほとんどの人が正解したと思うが、問題はどうやって検索するのか、だ。例えば、1998年頃のガラケーを探したい場合には、どうすればいいだろう。「1998年　ガラケー」で検索しても、好ましい結果は得づらい。各社が自社製品の歴史として掲載している情報ばかりが見つかるからだ。いちいち複数の会社のＨＰを渡り

歩くのではなく、サクッと見つけるのが、ジバラ的検索と言える。

　そこで、オススメなのが Google の「ツール」を使った検索だ。誰でも利用できる機能で、「携帯電話」を検索したら、ブラウザーの検索ボックス右下の「ツール」をクリックして、期間を指定すればよい。例えば、1998 年頃の携帯電話を調べたいなら、開始日を「1998 年 1 月 1 日」に、終了日を「1998 年 12 月 31 日」に指定すればよいだろう。その当時流行していた携帯電話の情報がサクッと簡単に見つかるはずだ。

　こうすると、その当時の状況もよくわかる。例えば、1998 年には、アナログ携帯電話が終了することが話題になっていたのだ。「ツール」を使って検索期間を指定する方法は、かなり便利なので、ぜひ覚えてほしい。**情報を探す手間が、大いに省けるはずだ。**

　「どう調べたらいいのかわからないから、あきらめる。」という B は、一応自助努力はしたものの、挫折した方。今回の点数は低いが、努力は買う。ここで紹介した手順をぜひ試してほしい。情報探しの技術が、ちょっと向上して楽しくなってくるはずだ。

　アナクロマックスなイメージの C「当時が青春時代だった生き証人を捜し出して、話を聴く。」も、実は悪くはないので、3 点だ。多くの人に聞くと、中には強烈に記憶している方がいるものだ。「ちょうど誕生日に○○を買った！」などと覚えている方は、当時の写真を持っている場合もある。「1998 年に携帯電話を買ってもらって喜んでいる写真」と題してプレゼンのスライドに入れるなど、血の通った印象の資料ができる可能性を秘めている。

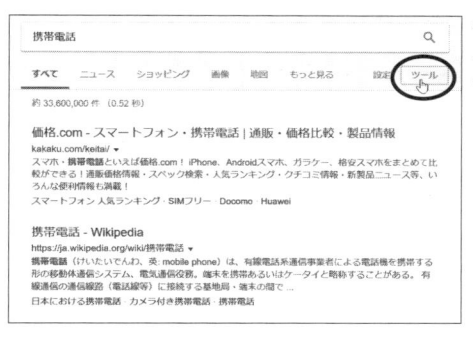

検索したら、ブラウザーの右上部の「ツール」（画像内囲み部分）をクリックする。

期間を指定する。キーボードから入力する際には「12/31/1998」（月／日／年の順）となるので、順番に注意してほしい。

「1998 年に流行った携帯電話」の情報が見つかった。

265

no.53　Ⓐ3点　Ⓑ4点　Ⓒ1点

これまでに読んだ本の情報は、どう管理している？

Ⓐ 印象に残ったものを、ノートアプリに記録している。

Ⓑ すべてわかるように記録しているけど、手間で……。

Ⓒ 本はほとんど読まないので、
　整理するデータがないから楽勝!

　最近は、インターネットからネタや情報を取得している方が多い。だが、ひとまとまりのビジネスの情報や信頼度の面では、まだ書籍のほうが優れているケースが多い。今しばらくは、本を読んだほうがよい状況は続きそうだ。また、語学学習や資格試験の参考書や問題集、各種のマニュアルなども、本のほうが読みやすい。

　さて、あなたは読んだ本の情報を、どうやって管理しているだろうか？

　Ａの「印象に残ったものを、ノートアプリに記録している。」という手段。読んだ本で印象に残ったものだけをEvernoteやOneNoteにメモしておく方法で、まあ合格なやり方だ。ただ、せっかく購入した本なのだから、参考にならないと感じても、すべての本の情報を保存しておいたほうがよいと思うのだ。

　情報調べのために同じジャンルの本を大量に買って読むと、記憶があいまいになりがちだ。会社の後輩に参考になる本を聞かれ

た際に「○○はイマイチだった」などと、正しく伝えられないのだ。

　また、読んだ時には参考にならないと思った本に書いてあったことが、後からどうしても必要になるケースもある。印象に残らなかったからといって、情報を残しておかないと、どんな本を読んだのかすらも思い出せなくなって臍を噛むことにもなる。

　だから、ちょっと愚痴まじりだが、「すべてわかるように記録しているけど、手間で……。」というＢが正解だ。ただし、すべてを記録するのは、確かにちょっと手間がかかりすぎる。

　そこでオススメの方法を紹介しよう。本の裏（表４）にあるISBNコードを撮影してノートアプリに貼っておくのだ。これだけで、Amazonなどで簡単に本を表示できるようになる。くわしくは281〜283ページへ。

　また、僕の場合は、本にラインマーカーを引きながら読んでいる上、必要なら注釈も書き足している。その上で必要なページは切り取ってスキャンして、ISBNコードと一緒にノートアプリに貼りつけている（当然自分の所有本＋データも個人利用限定だが）。これで、本自体を捨ててしまっても情報はだいたい残せる。もちろん、１冊すべてが必要な本は捨てずに保存しておく。

　「本はほとんど読まないので、整理するデータがないから楽勝！」というＣは、まあ、それでこと足りているなら、問題はない。本を書いている僕が、「本が重要だ」というのは、ちょっとマッチポンプのようでもあるし。ただ、週刊誌で書評のコーナーも担当しているので相当多くの本を読んでいるつもりだが、ネットより参考になる情報が予想以上に多いことは、お伝えしておきたい。

Webページは丸ごと記録しないと、後で痛い目に…

no.54　　　　　　　　　　　Ⓐ2点　Ⓑ0点　Ⓒ5点

Webのスクショ、どうやっている？

Ⓐ　一般的な操作どおりに、ボタンを押して撮影している。

Ⓑ　スクショって、何？　ネコのアメショの仲間？

Ⓒ　長いページも、全部保存している。

　スマホでWebページを見ていて気になる情報、仕事に役立つ情報を見つけたら、とりあえずスクショを撮っている人は多い。確かに、スマホのブラウザは操作性が良くないので、ブックマークするのも後からアクセスするのもちょっと面倒だったりする。また、ブックマークを増やしたくないので、ちょっと見る程度ならスクショがいいという考え方は、ジバラ的にも実に正しい。

　ところが、だ。スマホでスクショをしても、該当部分しか見られないのは、とても不便だ。長いページをまるっと保存するには、どうしたらいいのだろう？

　「一般的な操作どおりに、ボタンを押して撮影している。」というAは、まあ多くの場合は困らないだろう。企業や店舗の電話番号や住所を記録したいだけなら、それで十分だ。ところが、長いページの情報を全部記録したい時には困ってしまう。**画面をちょっとずつスクロールさせてはスクショを繰り返している人も見かけるが、ちょっと効率が悪すぎる。**

　Bの「スクショって、何？　ネコのアメショの仲間？」という方は、ぜひ今すぐ覚えてほしい。「スクショ」とは「スクリーンショット」の略で、スマホやパソコンの画面に出ている情報を、そのまま画像データとして記録することを指す。スマホの場合は、「電源＋ボリューム下げ」ボタンなどを押して撮影する（機種によって異なるので注意）。パソコンなら、「PrintScreen」キーを押せばよい。目の前で見ている情報をちょっと記録する時に有効だ。

　「長いページも、全部保存している。」Cが正解。Androidは、8.0以降のバージョンなら、普通にスクショを撮るだけで、画面の下に全部を記録するボタンが表示されるので、タップすればよい。

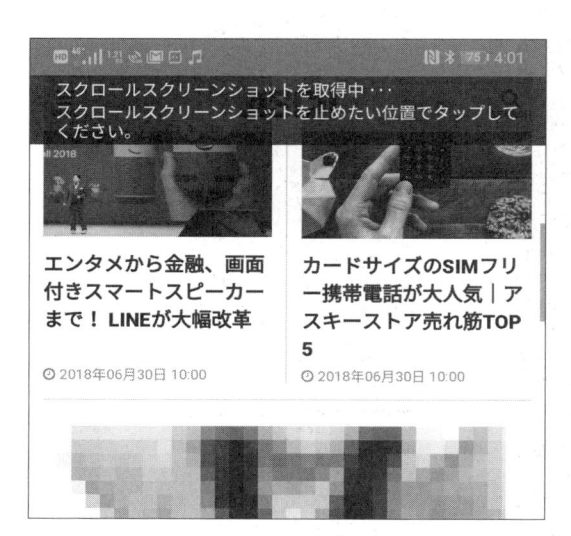

Android8.0以降では、Webページのスクショを撮ったら、右下の「スクロールショット」をタップするだけで、こうした表示が出る（画面上部）。長い画面もスクロールしてキャプチャーしてくれるので、止めたいところでタップする。

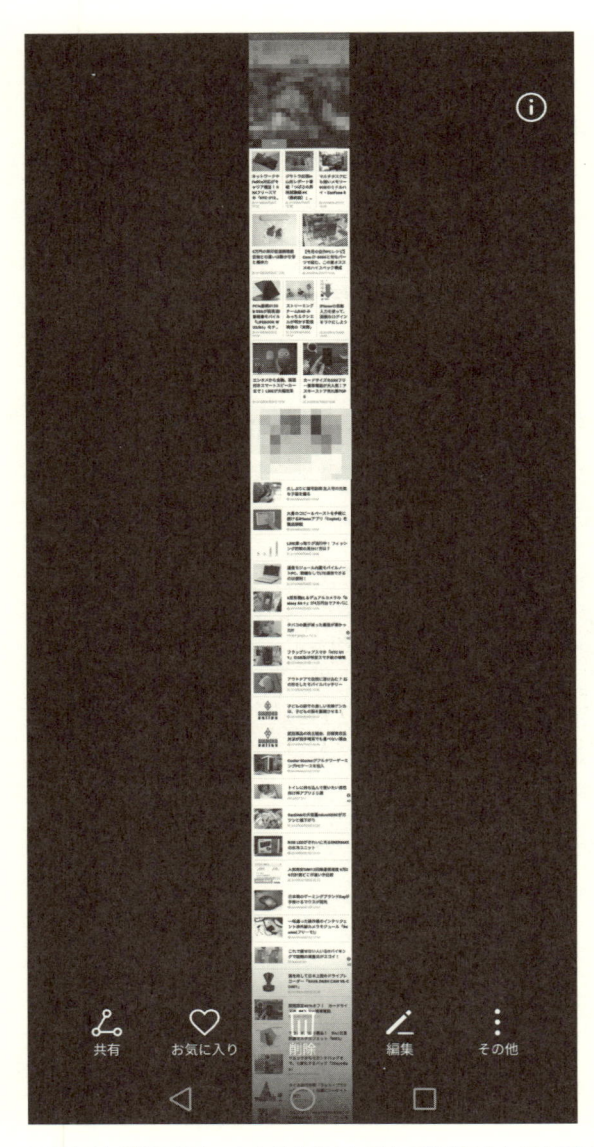

このように記録できた。もちろん拡大して中を読むこともできる画像だ。

iPhoneでは、「WebCollector」とい
うアプリを利用すればよい。ブラウザー
同様に操作できる上、画面下の撮影ボ
タンを押すと、細長い画面ですべて撮
影できる。

みんな、
とっておこっと

「転ばぬ先の杖」で
ジバラ実現！

➡ no.49 付箋を使った発想法

　ここでは、付箋を使った発想法を紹介する。机の上に紙を並べても同じことができはするのだが、付箋ならそのまま壁などに張り付けられるし、動かしたり追加したりしやすいのが嬉しいところ。また、付箋アプリの使い方についても後述する。このアプリはポストイット専用となっている。非常に便利なアプリなのだが、使いこなすには正方形のポストイットが必要だ。

　僕は、強粘着タイプのポストイットを利用している。少し文字数が多い時や、複数のメンバーと作業したい時には75ミリ角、人数が少ない時や1人の時なら50ミリ角の製品を愛用している。

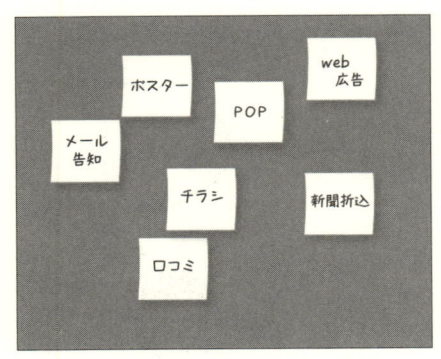

まず、思いついたことを付箋に書き出して、貼っていく。この段階では、だいたいの思いつきでかまわない。ここでは、販促についての手法を考えている。本来は、もっと数が増えるはずだ。

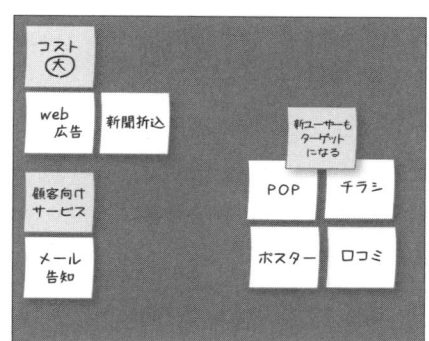

ランダムに思いついた内容を整理して、カテゴリに分けてみる。もちろん、自分なりのカテゴリでかまわない。

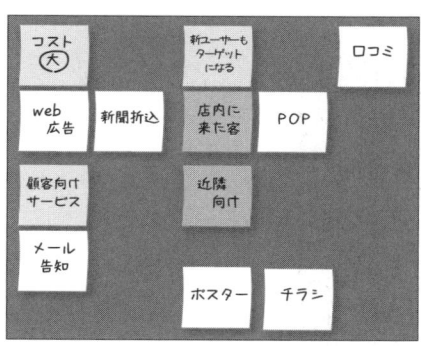

カテゴリに分けるとさらに連想するのが簡単になるので、新たに出てきたアイデアを書いて追加していく。このタイミングでは、カテゴリごとにネット検索をしてみてもよいだろう。

さらに増やした。この手順で進めていくと、最初に考えていたよりも数倍の数のアイデアが生まれるはず。つまり、連想が楽になっているのだ。

「Post-it Plus」というアプリを利用すると、机や壁の上でおこなっていた付箋発想法が、スマホやタブレットの上でもできるようになる。対応するのはiOSで、iPhoneでも利用可能だが、オススメはiPadでの利用だ。手書き入力と組み合わせれば、「もう紙の付箋なんていらないかも！」と感じるほど便利だ。ここでは、iPadの画面で説明を進めていく。

なお、このアプリは日本語化されていないが、シンプルなので、下の手順で利用すれば、さほど問題は出ないはずだ。

アプリを起動したら、壁などに貼りつけてある付箋をカメラで撮影する。

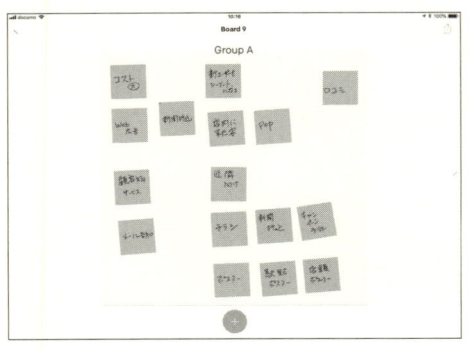

自動で付箋を認識して取り込んでくれる。驚くほどの精度で、正方形の付箋がきっちりとデータ化される。

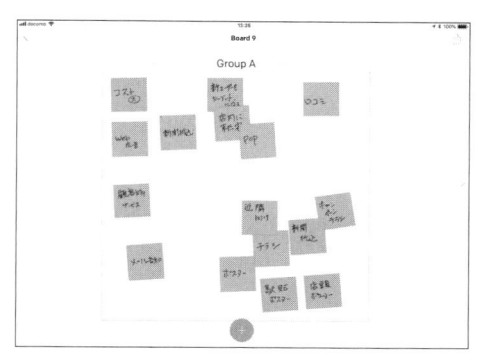

取り込んだ付箋は、画面上で自由に動かせる。

手書きした新しい付箋を追加することもできる。

画面上で付箋の色を変更することもできる。ただし、これらの機能の一部は有料課金式となっている。

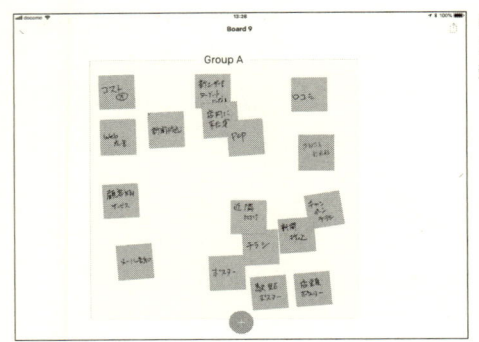

あまりにリアルなので、かえって区別がつきにくいが、新しい付箋が追加できた。

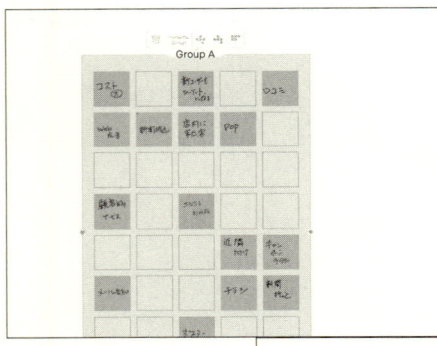

このように自在に並べ替えることもできる。

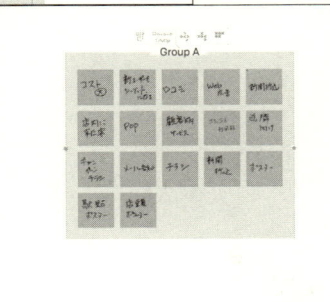

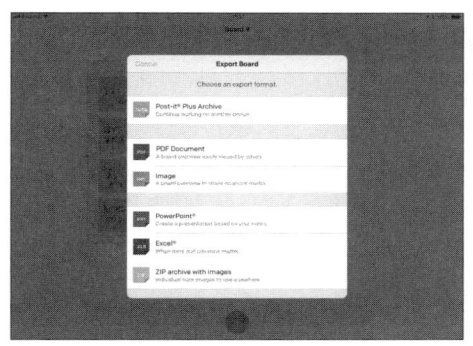

ファイルは、PowerPoint
や Excel 形式で書き出せる
のがミソ。

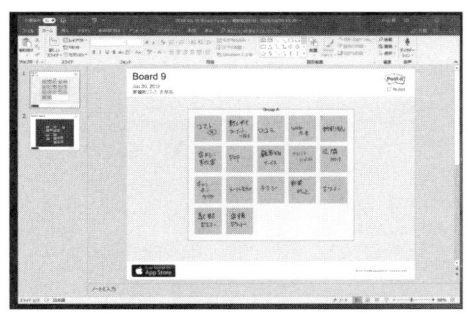

PowerPoint で開いた。こ
こでも、1つ1つの付箋は
それぞれ独立した画像デー
タになっているので、自由
に動かせる。

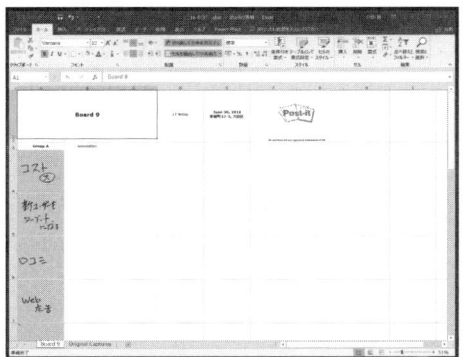

Excel では、このように一
覧表形式で読み込まれる。

➡ no.51 使える『白書』発掘のコツ

　『白書』を探すには、検索の仕方にコツがある。まず、「人口　白書」などで検索すると国が発行している『白書』が見つかる。これを「大田区　人口　白書」といった探し方に切り替えると、都道府県や市区町村の『白書』を見つけられる。

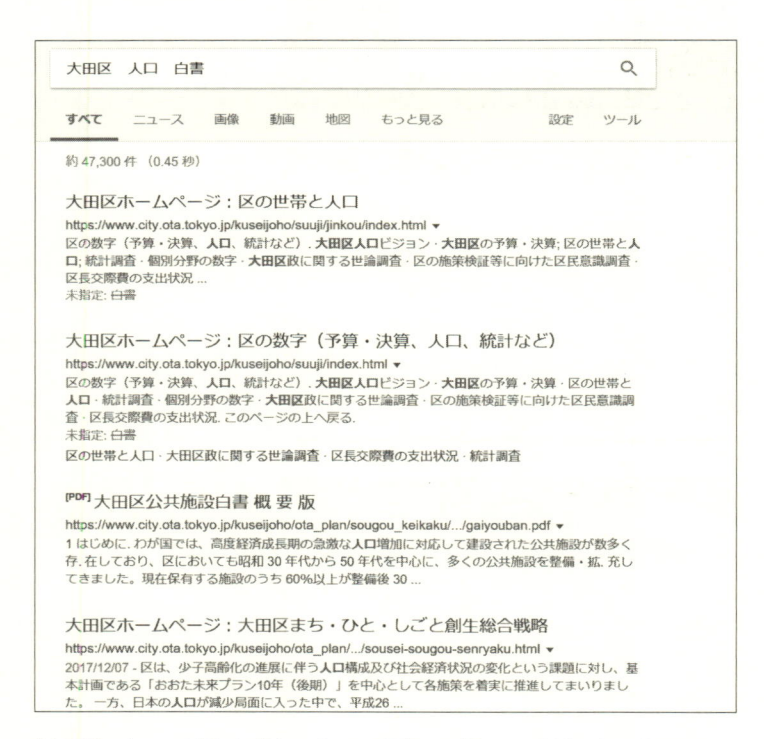

「大田区　人口　白書」などとスペースで区切って探すと、地域の人口がわかる。

　グラフを使いたいなら、左記の方法で『白書』を検索した結果のページで「画像」をクリックする。これで、希望するグラフの画像などが表示されたらラッキー。自分のイメージに近いものを選んでいくだけでよい。ただし、使用の際は著作権・引用条件などを、しっかり調べること。

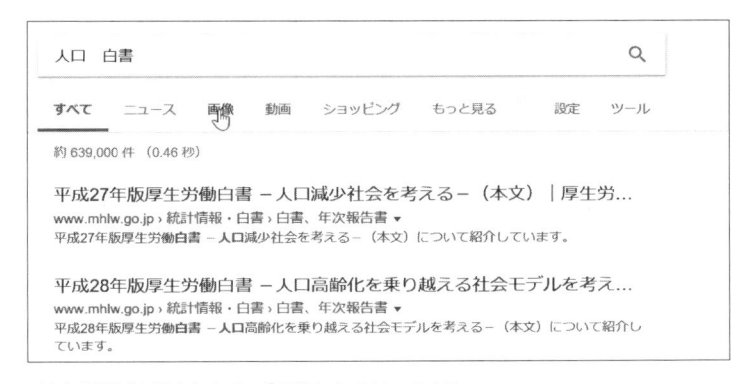

検索結果が表示されたら、「画像」をクリックする。

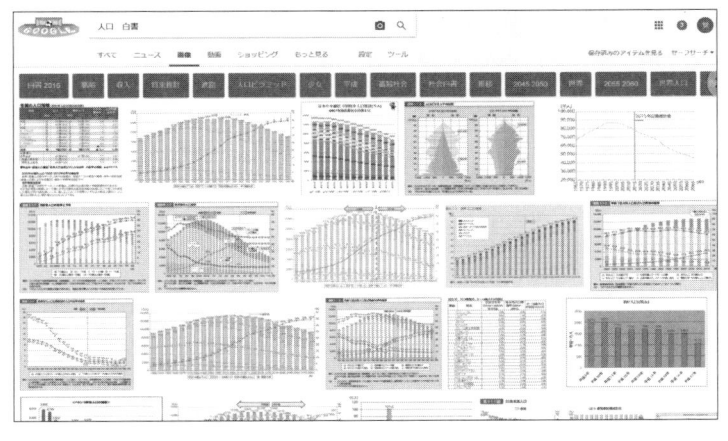

もしも希望する数値に関するグラフが表示されたら、引用条件等に留意しつつ、イメージに近いものを使おう。

⊕MORE! Excelデータもゲットする検索術

『白書』に記されている情報やデータを Excel に取り込んで加工したいなら、例えば、「人口　白書　Excel」と検索する。これで、Excel のデータが提供されている『白書』が存在するなら、簡単に見つかるだろう。

人口　白書　Excel　　　　　　　　　　　　　　　　　　　　　　🔍

すべて　　画像　　動画　　ニュース　　ショッピング　　もっと見る　　設定　　ツール

約 141,000 件 （0.43 秒）

総務省｜平成28年版 情報通信白書｜人口減少社会の到来
www.soumu.go.jp › 政策 › 白書 › 28年版 ▾
国立社会保障・人口問題研究所の将来推計（出生中位・死亡中位推計）によると、総人口は2030年には1億1,662万人、2060年には8,674万人（2010年人口の32.3%減）にまで減少すると見込ま ... 図表1-1-1 我が国の人口の推移」のExcelはこちら EXCEL ...

総務省｜平成28年版 情報通信白書｜インターネットの普及状況
www.soumu.go.jp › 政策 › 白書 › 28年版 ▾
2015年末のインターネット利用者数2は、2014年末より28万人増加して1億46万人（前年比0.3%増）、人口普及率は83.0%となった（図表5-2-1-2）。また、端末 ... 図表5-2-1-2 インターネットの利用者数及び人口普及率の推移」のExcelはこちら EXCEL / CSVは ...

総務省｜平成26年版 情報通信白書｜我が国の労働力人口における課題
www.soumu.go.jp › 政策 › 白書 › 26年版 ▾
出典）2010年までは国勢調査、2015年以降は国立社会保障・人口問題研究所「日本の将来推計人口（平成24年1月推計）」の出生中位・死亡中位仮定による推計結果を元に作成．「図表4-1-2-8 65歳以上人口1人を支える生産年齢人口（推計）」のExcelは ...

「人口　白書　Excel」で Excel のファイルが見つかる。このテクニックはぜひ覚えておきたい。

→no.53 本の情報をデータベース化する方法

読んだ本の情報を簡単・確実に記録するには、ISBN コード（たいてい、本の裏＝表4にあるバーコード様のもの）を撮影するのが手っ取り早い。

それを撮影して、OneNote や Evernote に貼っておく。ISBN コードを記録しておくと、読んだ本の情報がネット上ですぐに見つかる。

ISBN コードはたいてい、本の裏にあるバーコードのところに記されている。

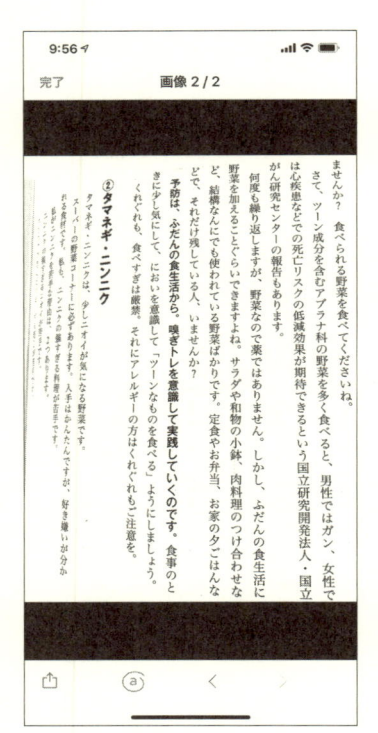

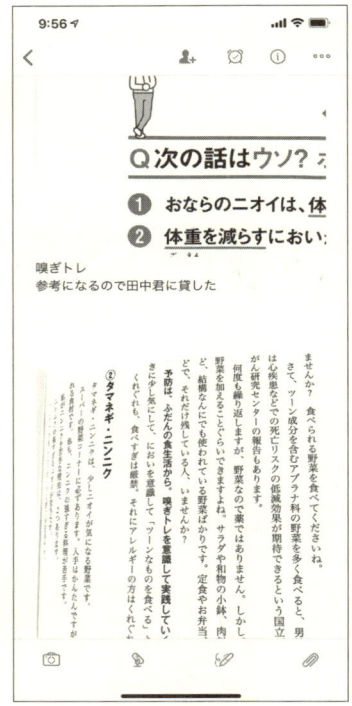

必要なら、本の中身をスキャンしたり撮影したりして、同時に貼っておこう（ただし、個人利用に留めること！）。

このように貼りつけておけば、ネットと組み合わせることでほとんどの情報が手に入る。

➕MORE! 本の情報のスムーズな取り出し方

本の情報の取り出し方にはコツがある。まず、記録したノートをパソコンで表示する。それをスマホのアプリで読み取ると、Amazon などで本の情報がすぐに見つかるのだ。僕は、この読み取りアプリとして、Android では「バーコード書籍検索」、iPhone では「ISBN Scan」を利用している。どちらも、スマホのカメラでパソコンの画面に表示した ISBN コードを読み取るだけで OK だ。ただし、アプリによってすべての ISBN コードが見つかるわけではない。

パソコンで表示したノートをスマホのアプリで読み取れば、本の情報がスグ見つかる。

ジバラ度check 10
企画・アイデア・
プレゼン編②

? 設問コーナー

次の各問いに対して、自分の対応に最も近いものをそれぞれ選択肢A〜Cの中から選び、右下解答欄上段に記号、下段に点数を記入せよ。

no.55

あなたは、プレゼン資料にイラストを入れる派？　入れない派？

Ⓐ 入れたいけど、描けないしね〜。
　　アリモノだと、なかなかいいのがなくて大変。
Ⓑ イラストなんていらない。説明文の説得力だけで十分!
Ⓒ ピクトグラムを使って、時短している。

Ⓐ**2**点　Ⓑ**0**点　Ⓒ**5**点

no.56

スライド作りに時間をかけすぎていない？

Ⓐ 時間を決めて作っているので、大丈夫!
Ⓑ 納得できるものを作るためなら、時間は惜しまない。
Ⓒ そもそも、どのくらいが時間のかけすぎなのかわからない。

Ⓐ**5**点　Ⓑ**0**点　Ⓒ**0**点

no.57

スライドには、たくさん説明を書いている？

Ⓐ 懇切丁寧を心がけているので、説明文はびっしり。
Ⓑ 文章がほとんどないのですが、ダメ？
Ⓒ 作図能力がないので、文字で埋めるしか……。

Ⓐ**1**点　Ⓑ**5**点　Ⓒ**0**点

no.58

顧客の会社のロゴと同じ色の図を、作れる?

Ⓐ だいたい同じ色で作るので、問題ないと思っている。
Ⓑ カラーピッカーで一発、ばっちり!
Ⓒ 色合いなんて気にしたことがないけど、スライドに必要なんだ?

Ⓐ2点 Ⓑ5点 Ⓒ0点

no.59

資料のグラフ、見やすさに自信あり?

Ⓐ Excel でフツーに作れば、フツーに見やすいでしょ?
Ⓑ 人より目立つように、カラフルに作っている。
Ⓒ アプリで作ったものに、ひと手間加えて見やすくしている。

Ⓐ1点 Ⓑ2点 Ⓒ5点

no.60

顧客にスライドをメールで送っている?

Ⓐ 送ってはいるが、説明不足な気がして、ちょっと不安。
Ⓑ 見ればわかってもらえる自信があるので、ガンガン送っている。
Ⓒ 説明の録音音声付きのスライドを送っている。

Ⓐ3点 Ⓑ0点 Ⓒ5点

no.55 ～ 60までの点数の合計点を計算して、「合計」欄に記入する。

	55	56	57	58	59	60	合計
解答欄	点	点	点	点	点	点	点

さあ、あなたの〈ジバラ度〉の判定は? ➡

あなたのジバラ度は……

25点以上：ジバラ度100%

よっ！　プレゼン達人。あなたには〈プレゼンの伝道師〉として、社内教育に力を入れていただきたい。自分の働き方を自分で変えるのが〈ジバラ〉だが、自分が済んだら、周りの人にも幸せになってもらおう。

20〜24点：ジバラ度70%

プレゼンが本来の仕事ではないなら、この点数でもＯＫ。セールスパーソンのプレゼンは時間勝負。いかに短時間でホドホドに見栄えの良いスライドを作るかが、カギ。いいものを作っても、じっくり時間をかけていたのではジバラ的には失格だ。

15〜19点：ジバラ度50%

no.56 のスライドを過不足なく作るコツと、no.59 の見やすいグラフの作り方を身につけるだけでも、あなたのプレゼン評価は変わるはず。この点数だと、スライドなどの完成度に対する「自分基準」がないのが問題なのでは？

10〜14点　ジバラ度30%

人の作ったスライドをひな形にして、ちょっといじってＯＫだと思っていないか？　「あるある」のあなた、ぜひ本 check を読んで出直しませんか。将来も前向きに続けたいなら……。

1〜9点：ジバラ度0%

プレゼンが苦手なら、発表は上手な人に任せて、あなたはスライド作りに力を入れる、という手もある。もちろん、逆もアリ。本書でスライド作りの達人を目指す？　人心掌握術の本も買って、〈やってもらえる人〉を目指す？

なぜ、こういう判定になるのか、
次ページからの「解答と解説」へ GO!

‖ 魅力あるスライド作成のためのジバラ的コツ

no.55　　　　　　　　　　　　　Ⓐ2点 Ⓑ0点 Ⓒ5点

あなたは、プレゼン資料にイラストを入れる派？
入れない派？

Ⓐ 入れたいけど、描けないしね～。
　 アリモノだと、なかなかいいのがなくて大変。

Ⓑ イラストなんていらない。説明文の説得力だけで十分!

Ⓒ ピクトグラムを使って、時短している。

　プレゼンのスライドでは、企画書よりもさらにビジュアル要素が求められる。徹底的にわかりやすく作る必要があるからだ。数値提示には表やグラフを利用し、さらにグラフも見栄えがよく伝わりやすく作る。**じっくりと読んでもらうのが企画書なら、パッとめくっても情報が伝わる必要があるのが、スライドだからだ。**

　スライドを作り慣れていないと、いろいろと戸惑うことばかりだと思うが、ビジュアルにはできるかぎりこだわっていくべきだろう。そこで困るのが、イラストだ。

　重要な商談などで、企業がコストをかけてデザイナーを起用したスライドには、イラストやビデオなどがふんだんに使われている。そこまで行くのは難しいとしても、よりわかりやすく、印象付けができるイラストを入れたいところだが、何か工夫をしているだろうか？

ビジュアルにこだわったスライドを作りたいとは考えているが、思いどおりにいかないのがAの「入れたいけど、描けないしね〜。アリモノだと、なかなかいいのがなくて大変。」という答えだろう。多くの方が思い当たるはずだ。改善を意識しているので2点だが、何ら実行に移せていないのは残念だ。

　とにかく重要なのは、我々はデザインのプロではないので、あまり高望みしないことだ。自分でイラストを描くのが厳しいのは当然として、イラストにコストをかけるのもまず無理だろう。しかし、そこを打破してこそ、ジバラへの道が拓ける。

　「イラストなんていらない。説明文の説得力だけで十分！」という強気のB。それで、他を圧倒できるスライドを作ることも、実は可能だ。写真をふんだんに入れたり、美しいグラフなどで目を引いたりする方法もある。だが、実はその路線もかなり大変だ。同じ雰囲気の写真を多数揃えるのは素人では難しく、結局はコストをかけたくなる。また、グラフで本当に目を引きたいなら、PowerPoint や Excel で作成したのでは無理。こちらも、専用のソフトで作る必要があり、やっぱり素人にはハードルが高めだ。

　正解はC「ピクトグラムを使って、時短している。」だ。ピクトグラムは、絵文字と考えればよいだろう。かなりブームになっており、PowerPoint や Word の標準機能にも「アイコン」という形で実装・提供されている（数年前まではイラスト集のクリップアートが提供されていたのだが、すでに廃止されている）。

　なお、さらに目を引くピクトグラムを使いたいなら、「HUMAN PICTOGRAM2.0」など、ダウンロードできる素材を利用するのがベストだろう。

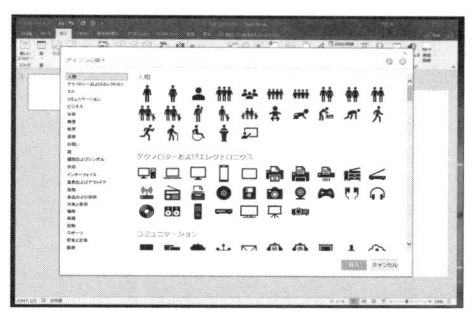

PowerPoint に標準搭載のピクトグラムは「アイコン」として提供されている。

人目を引きたいなら、標準以外のピクトグラムを使うとよい。無料で利用できる「HUMAN PICTOGRAM2.0」はオススメだ。

こんなスライド画面が簡単に作れる。時間的なメリットが特大だ。

　すべてのタスクでは、時間的な効率を考えなければならない。会社をあげての重大プロジェクトのスライドなら、何日かけて作ってもよいだろう。だが、普段の商談や打ち合わせのスライド作りには、それほど時間を費やすべきではない。

　あなたはどのくらいの時間で作成しているだろうか？　**スライドを作るための適切な時間をわかっているだろうか？　また、そもそも1時間の商談なら何枚のスライドを作るべきか考えているだろうか？**　これができていないと、ムダに作り込みすぎたり、逆にスライドが足りなくて説明不足になったり、商談時間が大幅に余ったりする。

　Aの「時間を決めて作っているので、大丈夫！」というのが正解だ。一般には1時間の商談に使うスライドなら、せいぜい、2〜3時間で完成させたい。まあ作り慣れていないうちはしかたがないが、ある程度慣れてきたら、目指したい数字だ。それでも、1日に3本程度のスライドしか作れないのだから。あるいは、合計3時間の商談のための準備には丸1日を費やすことになる計

算だ。

　さてここで肝心なのが、時間を適切に使うためのスライドの枚数の設定だ。ここで言う「時間を適切に使う」には、２つの意味がある。１つはスライドを作る時間、もう１つは商談の時間、という意味だ。

　僕は長年プレゼンの本を書いていて、多くの達人に取材もしてきた。さらに、自分でもセミナーや講演を多数開催させていただいているので、時間ぴったりにプレゼンを終わらせる方法が身についている。

　その結果、**導き出したのは、〈１スライド３分の法則〉だ。つまり、30分のプレゼンなら、10枚のスライドを作ればよいのだ。**

　そう事前に見積もれていれば、ダラダラとプレゼン資料を作ることも防げるし、効率的な構成を考えることもしやすくなる。

　Bの「納得できるものを作るためなら、時間は惜しまない。」、Cの「そもそも、どのくらいが時間のかけすぎなのかわからない。」はどちらも失格としか言いようがない。本気でジバラしたいなら、この辺の心を入れ替え、法則を意識して、プレゼンの時間から必要十分なスライドの枚数を逆算してスライドを作ることから始めてほしい。

　基本的なスライドの流れと必要な項目は次ページの【図６】を参照してほしい。所要時間とプレゼン内容を考慮して、必須項目のモレがないか確認した上で、スライドの枚数を割り出したら、各ページごとの構成を先に考えてしまう。そして１枚のスライドは必ず３分で話し終わる内容にすること。これで、時間をかけずに完璧なスライドを作れるだろう。

【図6】

> 1時間の商談の場合、挨拶などで15分、正味のプレゼン時間は45分と考えられるので、15枚のスライドを作成すればよい。

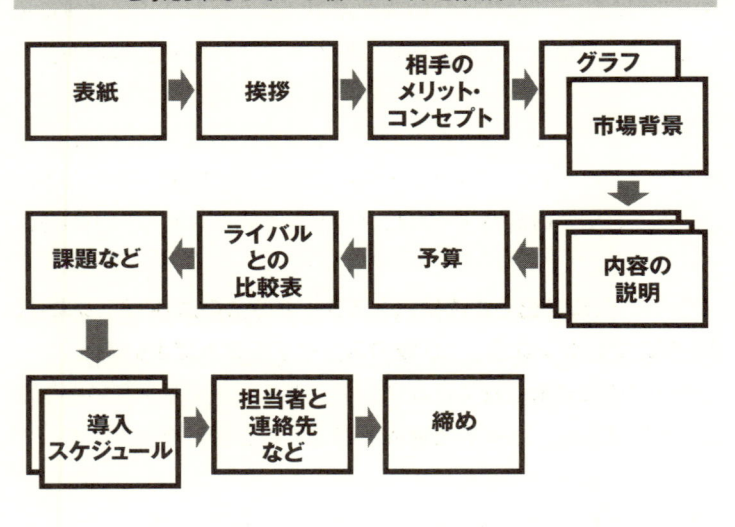

1枚のスライドの説明は、必ず3分で終わるように内容を絞り込もう！

企画書は〈読ませる〉もの、スライドは〈見せる〉もの

no.57　　　　　　　　　　🅐1点　🅑5点　🅒0点

> スライドには、たくさんの説明を書いている？

🅐 懇切丁寧を心がけているので、説明文はびっしり。

🅑 文章がほとんどないのですが、ダメ？

🅒 作図能力がないので、文字で埋めるしか……。

　勘違いしている人が多くてがっかりするのだが、そもそもプレゼンとは、基本的に「スライドを見せながら説明する」ことを指す。商談でもセミナーでも同様で、相手が1人で、その方だけを相手にパソコンでスライドを見せるとしても、それがプレゼンなら、紙芝居のようにめくって説明を進めていく。

　紙芝居は、語り部が軽快なしゃべりで進めていくから楽しいのだ。ところが、ストーリーが画面に全部書いてあったらどうだろう？　語り部のしゃべりを聞かずにどんどん読み進めてしまう子どもが出てくるだろうし、文字が邪魔で肝心の絵が楽しめず、その印象はきっと弱まってしまう。

　プレゼンもまったく同じ。でも、それを勘違いしている人が多すぎる。あなたは、スライドにたくさん文字を書いていないか？

　「懇切丁寧を心がけているので、説明文はびっしり。」というＡは最悪だ。発表者のあなたが備忘録として説明文を必要としているのなら、PowerPoint のノート機能にでも書いておけばよい。

　これが、PowerPoint を使って作るのがスライドではなく企画

書だというのなら妥当ではある。企画書は見せて説明するのではなく、読んで理解してもらうための資料だからだ。よって、説明はすべて書いておかなければならない。商談で相手を説得したいのならその場ではスライドを使うのが基本で、その相手が上司に書類を渡したいというのなら併せて企画書も提出するべきだ。**そもそも、企画書よりも作るのが楽だから、スライドにしているだけだとしたら、まったくもってナンセンスだと知ろう。**

　Bの「文章がほとんどないのですが、ダメ？」というのは、ダメではなく正解だ。図や表、箇条書きなどを中心にスライドは作られるべきで、文章が少ないほうがよい。仕様表などの場合は文字が多くなるのはかまわないが、そんな場合には、読んでほしい注目箇所を強調する工夫をしたい。もしくは、「そこは後で読んでおいてください」と伝えればよいだろう。

　Cの「作図能力がないので、文字で埋めるしか……。」という方は、そろそろ目を覚ましたほうがよい。スカスカのスライドだと「手抜きだ」と言われたのは昔の話。まだそれを引きずっているのは良くない。**スライドは、スカスカでもまったくかまわないのだ。説明はすべて口頭ですべきなのだから。**

　もっとも、ほんの少しの説明文をちまっと配置しただけのスライドなど魅力ゼロ。no.55やno.59を参考に、少ない文字数でインパクトある〈見せる〉画面作りにトライしてほしい。はじめは時間がかかって「ジバラじゃない」と思うかもしれないが、慣れてくればムダに文章をこねくりまわす時間も減るので、やってみる価値はあるはずだ。

新製品は美しい花の香りがポイント

とても美しい花の香りを持つ洗剤を開発することに成功しました。
そもそも、洗剤は汚れだけでなく、ニオイを落とすことにも注力
してきました。ですから、洗濯後に香りを残すのにはとても難し
い技術が求められます。しかも、香りが強すぎると嫌われてしま
います。そこで、今回の新製品では溶けにくい香りのカプセルを
洗剤に混ぜてあります。すすぎの段階で香りのカプセルが繊維の
間に少し残ることで、素敵な香りが洗濯物につくのです。

文字ばかりのスライドは、まったく目を引かないのだが、こんなスライドを作って
いる人がまだまだ多すぎる。

新製品は美しい花の香りがポイント

説明は口頭でおこなうので、スライドはシンプルに徹する。

　「コーポレートカラー」を指定している企業は、とても多い。明確に指定していなくても、それぞれの会社のカラーは、その会社のロゴなどに使われていることが多い。スライドを作る上で、ポイントとして顧客のコーポレートカラーを使うのはとても良いアイデアだ。色に悩んだら、ぜひ使っていこう。社内向けのスライドに自社のコーポレートカラーを利用するのはもちろん、**商談で顧客に提示するスライドに、相手のコーポレートカラーを使うと、とてもウケがいいものだ。**

　ところが先日、ある会社のスライドを見ていたら、「コーポレートカラーに〈近い〉緑」のラインがたくさん利用されていた。作成した本人に話を聞くと、「顧客の会社ロゴのカラーがグリーンだから近い色をイメージで選びました」と胸を張っていた。だがこれは、失格だ。**〈近い色〉ではなく、〈同じ色〉を使わないとダメなのだ。**さて、あなたは、うまく作成できているだろうか？

　Aの「だいたい同じ色で作るので、問題ないと思っている。」

という解答は、前述のとおり、失格だ。まあ近い色を使うだけでも多少のプラスにはなるが、まったく同じ色にしないと、デザインとしては意味がない。同じくCの「色合いなんて気にしたことがないけど、スライドに必要なんだ？」という解答もダメだ。

Bの「カラーピッカーで一発、ばっちり！」というのが正解だ。
PowerPointやWordの機能には、画面上に掲示されている色と同じ色を使える機能がある。以下の画面でその手順をお伝えしておこう。さらに、スマホを使ってロゴなどと同じ色を使う方法は、304〜306ページで紹介する。

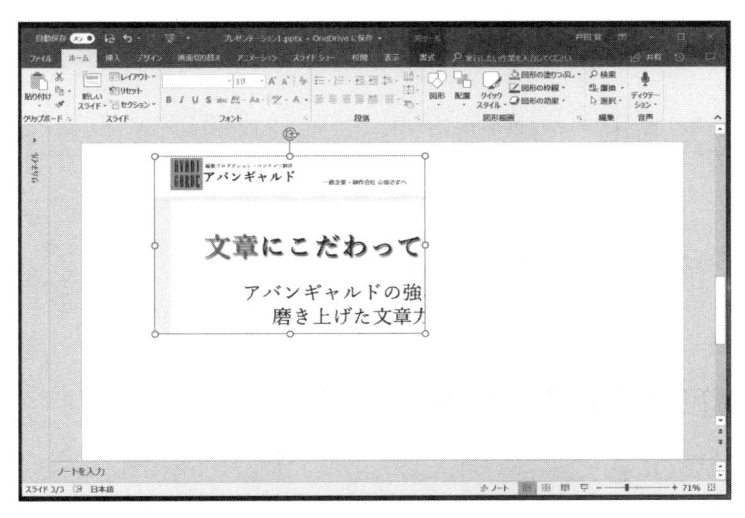

顧客の会社のホームページのスクリーンショットなど、使いたい色のある画像をスライドに貼りつける。

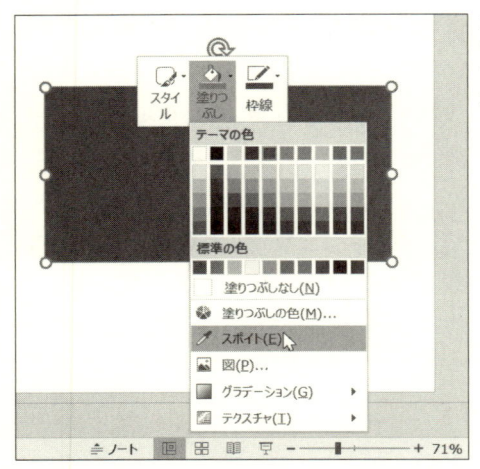

コーポレートカラーなどで塗りたい図形を、右クリックして「塗りつぶし」から、「スポイト」を選ぶ。

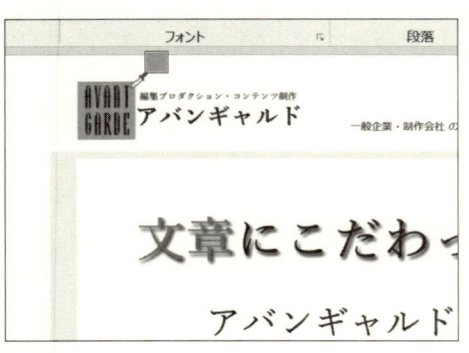

「スポイト」で、塗りたい色の部分をクリックする。

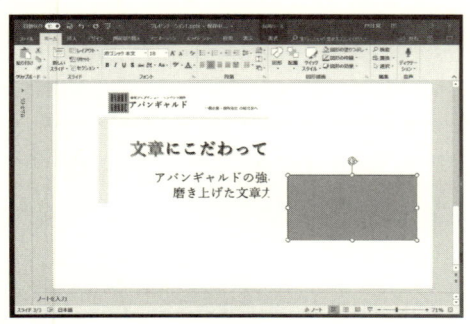

ロゴとまったく同じ色で塗ることができた。

ライバルに差をつけるグラフ作成テク

no.59 Ⓐ1点 Ⓑ2点 Ⓒ5点

資料のグラフ、見やすさに自信あり？

Ⓐ Excel でフツーに作れば、フツーに見やすいでしょ？

Ⓑ 人より目立つように、カラフルに作っている。

Ⓒ アプリで作ったものに、ひと手間加えて見やすくしている。

　Excel や PowerPoint を使えば、簡単にグラフが作れる。もう、20 年も前からそうなのだが、世の中には見づらいグラフがあふれている。正確に言うなら、見づらいというよりも、「普通すぎるグラフ」とでも言うべきか。Excel などでパッと作成したグラフは、良くも悪くも平均点だ。確かにそれをそのまま使ってもよいのだが、ライバルと差がつきにくいのが問題だ。

　とは言え、あまりに時間をかけるのもナンセンス。では見映えのするグラフをなるべき手早く作るには、どうしたらいいだろうか。あなたは何か工夫をしているだろうか？

　「Excel でフツーに作れば、フツーに見やすいでしょ？」というＡは、そのとおりなのだが、失格だ。いつも同じようなグラフを同じように作っていても、まったく目立たない。**コンペなどで企画書やスライドで勝負する際にも、ライバルと同じか、それ以下であることがわかりきっているグラフで、あなたはいいのか？**

　「人より目立つように、カラフルに作っている。」というＢも、実に微妙だ。Excel では、グラフのカラーを選択するだけで全体

の色合いを調整できる。カラフルで目立つ色にするのも簡単だ。**だが、〈カラフル〉なのと〈見やすい〉のとは、違う。**まあ、何の工夫もないよりは良いのだが、もう少し工夫をしてほしい。

「アプリで作ったものに、ひと手間加えて見やすくしている。」というCが正解だ。大して時間をかけずに、見やすいグラフを作ることができる手法と言える。Excel などで普通にグラフを作成した後で、パーツをちょっと変更するだけでいい。

効果的なのは、枠線を太くすることだ。これによって、メリハリがついて見やすくなるし、他の人と被りにくくなる。棒グラフでは棒と枠線を太くする。くわしくは 307 ～ 309 ページで。

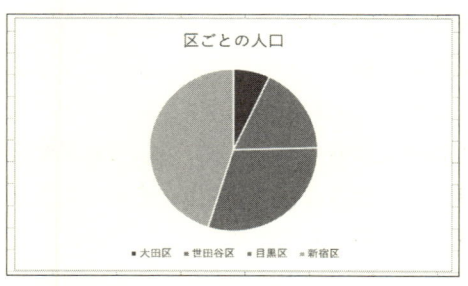

普通に作成したグラフは、あっさりしすぎている。

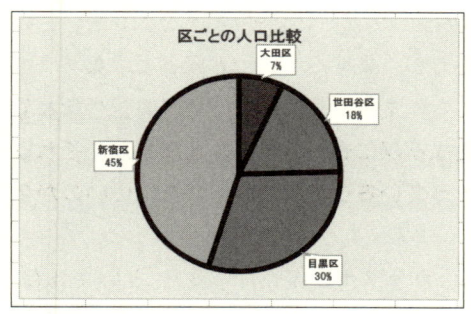

カラーでお見せできないのが残念だが、パーツを調整するだけで、すごく見やすくなる。

‖ スライドだけ送られても、実は相手は「???」

no.**60**

Ⓐ**3**点 Ⓑ**0**点 Ⓒ**5**点

顧客にスライドをメールで送っている？

Ⓐ 送ってはいるが、説明不足な気がして、ちょっと不安。

Ⓑ 見ればわかってもらえる自信があるので、
ガンガン送っている。

Ⓒ 説明の録音音声付きのスライドを送っている。

これまで説明してきたように、プレゼンのスライドを見てもらう際には口頭で説明をおこなうのが基本。また、企画書は読んで理解できるように作るのが基本だ。

さて、あなたが顧客を説得することを目指して、スライドを作成してプレゼンをおこなおうと考えたとする。ところが、どうしても都合が合わず、顧客から「スライドをメールで送ってください」と言われてしまった——さて、あなたはどう対応するだろうか？　そんな時、何か工夫しているだろうか？

Ａの「送ってはいるが、説明不足な気がして、ちょっと不安。」は、まず説明不足だと感じているだけで合格だ。事実、スライドだけでは説明が不足しているのだから、足りない部分は言葉で書き足すことになる。スライドのノート部分に説明文を書いて、印刷したものを送れば、とりあえずは役目を果たせるだろう。もちろん、紙のプリントを送るのではなく、PDF化してメールで送り、電話で説明させてもらうという荒技もアリだ。もちろん、説明不足と勘づいていながら、何も対策せずに送るのはジバラ的には失

格となるが。

　「見ればわかってもらえる自信があるので、ガンガン送っている。」という B は、ジバラ的には 0 点。説明不足のものを送っても何の価値もないし、no.57 で述べたように、スライド上に説明文が元々たくさん書いてあるようではスライドとして失敗だからだ。普通は、手間はかかるがスライドに説明を書き足すか、企画書を新たに作成して対応することになる。**時短を標榜するジバラだが、こういう手間を惜しむと、結局よけいな手間がかかる事案が後々発生することを心しておいてほしい。**

　C「説明の録音音声付きのスライドを送っている。」が完璧な解答で、あなたの説明音声を録音して送ればよい。 PowerPoint には、「スライドショーの記録」という機能があり、マイクさえパソコンにつなげれば、説明の音声を録音しながらスライドをめくっていく様子を記録できる。ただし、これはとても使いづらい。
　そこでオススメなのが、「Adobe Spark Video」というアプリだ。iPhone・iPad で利用が可能だ。このアプリを使うと、声での説明込みの簡単な動画が作成できる。くわしい使い方はスペースの都合で掲載できないが、アプリをインストールしたら説明のビデオを観ていただきたい。
　もちろん、できれば面談しに行ってプレゼンするのがベストなのは言うまでもない。だが、それを受けつけてくれない相手には、口頭での説明込みのスライドを提示するのがベストだ。

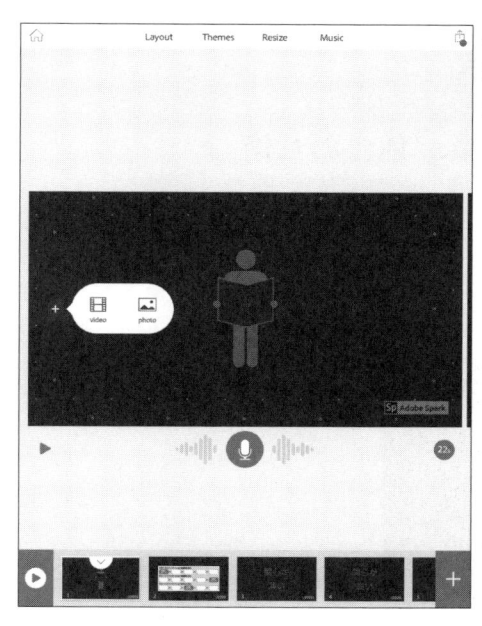

Adobe Spark Video を 利用すると、簡単に音声込みのプレゼンテーション動画が作れる。

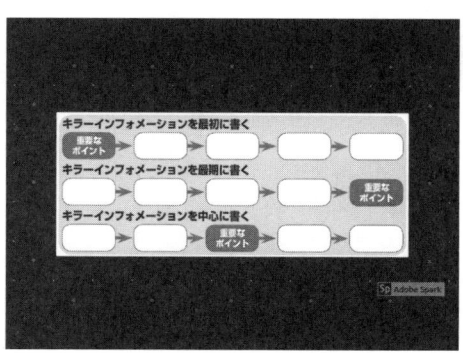

これは、インストールの後に流れるアプリの使い方の説明動画の1こま。

✿ ツール解説

→ no.58 スマホで簡単、色合わせ術

　製品やパンフレットなどで使われている色と同じ色で図形を塗りたい場合には、スマホのアプリを使うとよい。ここでは、iPhone の「flat palette」を使って説明する。Android 向けにも「Color色を見る、つくる、とりこむ」など、同様の機能をもつアプリが複数ある。

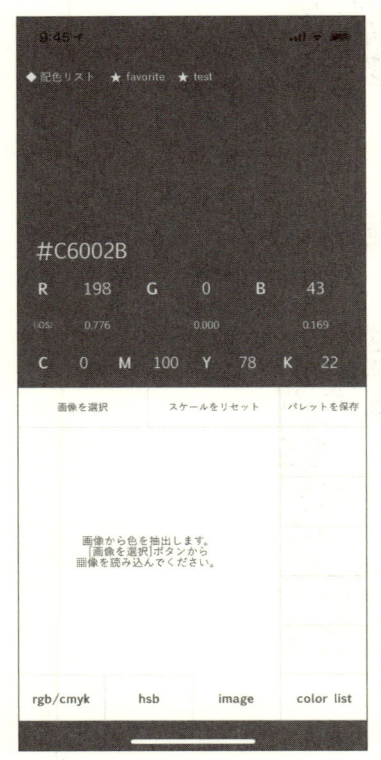

flat palette を起動したら、下部の中央右の「image」をタップし、「画像を選択」でカメラを利用して、製品やパンフレットなどの写真を撮影する。

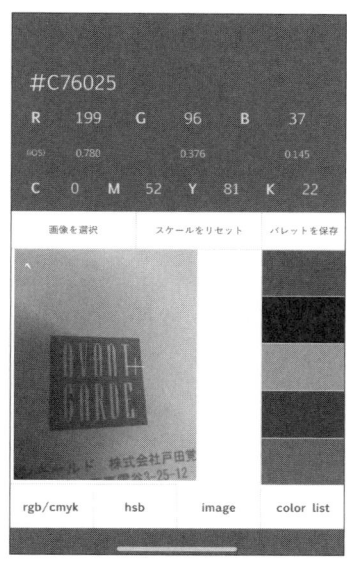

撮影した写真で色を抜き取りたい箇所を指定する。そこで表示された RGB の数値を記録する。

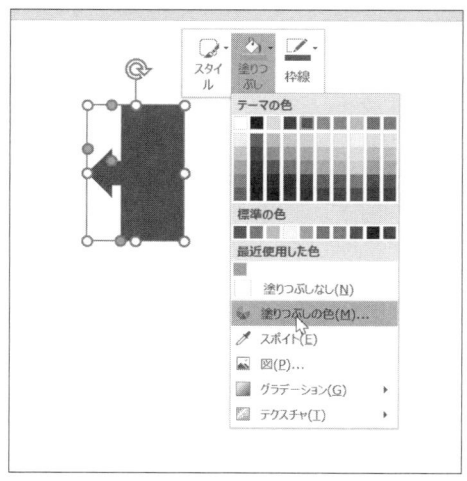

PowerPoint で図形を塗りつぶす際に、右クリックして「塗りつぶしの色」を選ぶ。

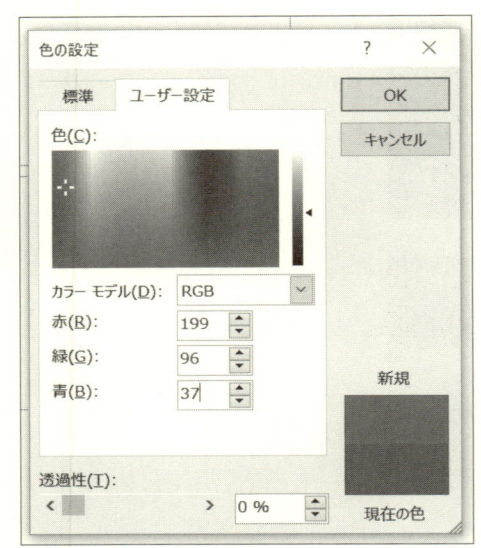

[ユーザー設定] で、スマホで表示されて控えておいたRGBの数値をそれぞれ指定する。

写真と全く同じ色で塗れた。

➡ **no.59** ライバルに差をつけるグラフ作成テク

グラフを短時間で見やすく、かつ普通よりも洗練された印象で作るには、枠線を太くしてみるのがオススメ。以下の方法で作ると、ピクトグラムなどとも似合う、ちょっとポップなグラフが作れる。本書はモノクロなので、ちょっとその効果がわかりにくいが、その点はご容赦いただきたい。

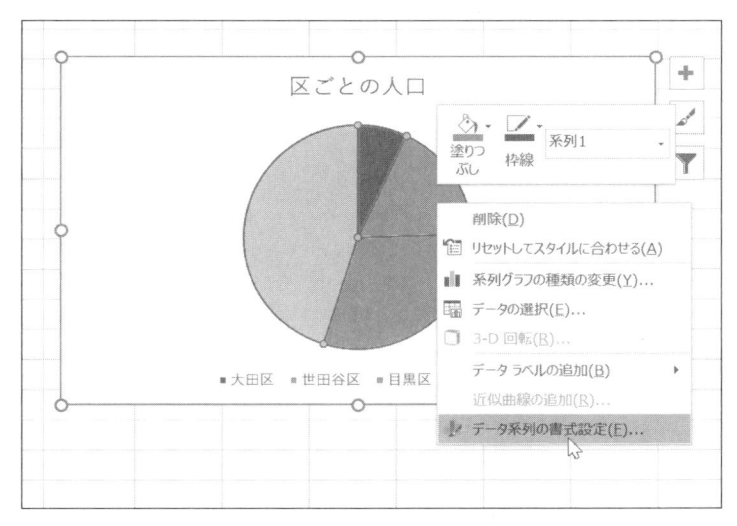

ふむふむ

とりあえず完成したグラフを右クリックして、「データ系列の書式設定」を選ぶ。

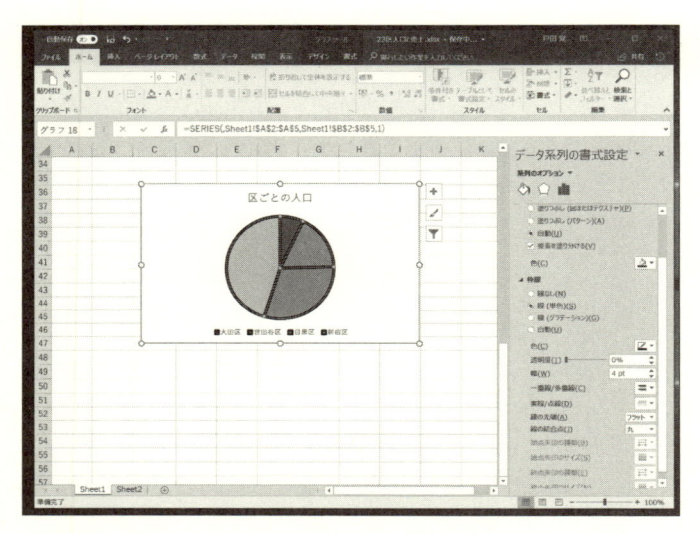

画面右の「書式設定」から、枠線を太くしてみた。色合いも、デザインを考えて
選ぼう。

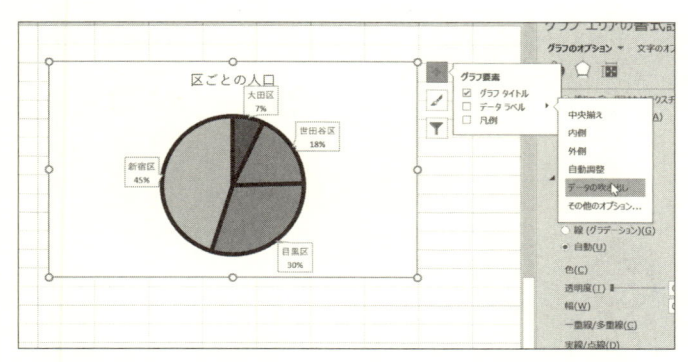

続いて、「＋」ボタンを押して、データラベルを吹き出しにしてみる。

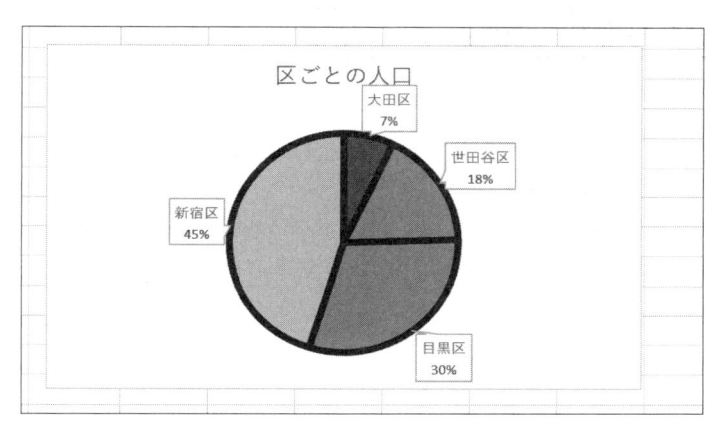

だいぶメリハリがつき、見やすいポップなグラフになった。

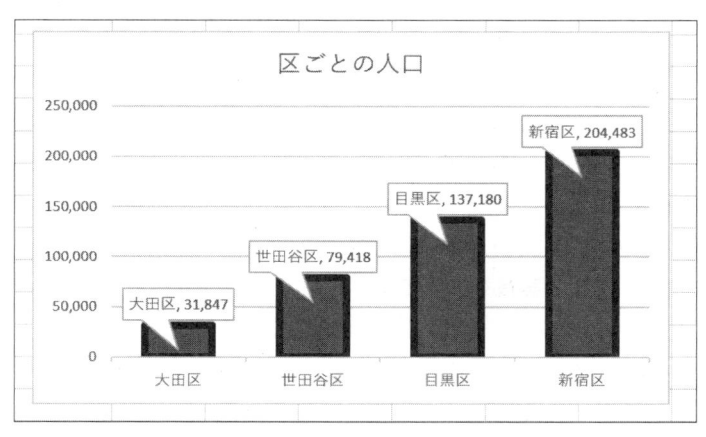

棒グラフも同じように見やすくできる。

☑ あなたの総合ジバラ度は……

　すべての判定を終えて、あなたの感想はいかがだろうか？「なかなか、イイ線いってるな」と思えただろうか。案外、「えっ、けっこうイケてると思ってたのに、こんなにジバラ度低いってマジ!?」と思った方もけっこういらしたのではないか。まして、将来の起業・独立を考えていたような方なら、ショックもひとしおだろう。

　チェックの結果にいちいちショックを受けたとしても、次のチェックを始めてしまうと、前の結果は忘れてしまうもの。最後に、すべてのチェック結果を統合してみよう。
　右ページのレーダーチャートに、各checkの合計点をマークして、線でつなげるのだ。あなたの10角形は、バランス良く、大きくしあがっただろうか。バランスが良くても小さい10角形なら、全体のレベルアップが必要だし、形容しがたいいびつな図形になってしまっていたら、まず陥没しているcheckの「解答と解説」をもう一度読み直して、取り入れられるジバラ・テクをすぐにでも実践してみてほしい。

　全体を俯瞰し、その上で弱点を知り、克服してこそ、ジバラ実現に近づく。本文内でも「効率が悪いと思うことを見つけたら、実はジバラの最初の一歩なので喜ぶべきだ。」と言ったのだが、覚えているだろうか？
　ジバラの道は一日にしてならず。さあ、現実を直視して、己の〈ジバラ道〉を極めよう！

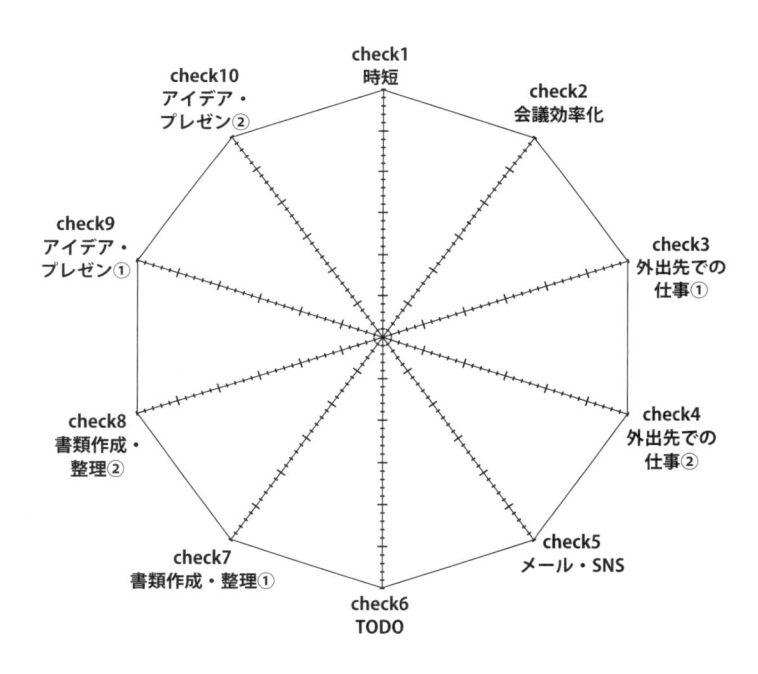

ともに目指すは、〈ジバラ〉の頂上！

落ち込んだ人は
今こそチャンス！

ウカれて
いる人は
技術進化の速さに
危機感をもって…

仕事がサクサク終わって早く帰れる

自働大全
（ジバラ）

驚きのスマホ＆PC活用法で〈自分働き方改革〉

2018 年 12 月 21 日　初版発行

著　者　　戸田 覚
発行者　　郡司 聡
発　行　　株式会社 KADOKAWA
　　　　　〒 102-8177　東京都千代田区富士見 2-13-3
　　　　　電話 0570-06-4008（ナビダイヤル）
印刷・製本　大日本印刷株式会社

カスタマーサポート（アスキー・メディアワークス ブランド）
　［電話］0570-06-4008（土日祝日を除く 11 時〜13 時、14 時〜17 時）
　［WEB］https://www.kadokawa.co.jp/（「お問い合わせ」へお進みください）
※製造不良品につきましては上記窓口にて承ります。
※記述・収録内容を超えるご質問にはお答えできない場合があります。
※サポートは日本国内に限らせていただきます。
定価はカバーに表示してあります。

ISBN978-4-04-912030-1　C0030

カバー＆本文挿絵　上杉望美
デザイン　　　　　ISSHIKI
企画プロデュース　工藤裕一（文芸局　電撃メディアワークス編集部）
編集・構成　　　　田中由貴
協力　　田島美絵子　藤田恭平　大澤稜斗　柳澤咲希（文芸局　電撃メディアワークス編集部）